꽃보다 아름다운
플로리스트 되기

윤영선 지음

BnCworld

꽃보다 아름다운
플로리스트되기

윤영선 지음

BnCworld

Contents

01 향기로운 꽃의 마법사 플로리스트
- 그의 이름은 플로리스트 11
- 시간을 다투는 작업 현장에서 12
- 플로리스트는 꽃을 디자인하는 사람 14
- 꽃꽂이와 플라워 디자인의 차이 17
- 플라워 디자이너, 코디네이터, 그리고 플라워 스쿨 강사 19
- 〈인터뷰〉 국내 플로리스트 1세대인 꽃의 거장 22
  _ 방식 꽃 예술원의 방식 원장

02 플로리스트로서의 삶을 꿈꾼다
- 도전할 가치가 있는 직업인가? 31
- 자질과 열정 사이 36
- 미리 보는 플로리스트의 하루 40
- 손재주와 열정이 남다른 한국의 플로리스트 50
- 〈인터뷰〉 인터플로라월드컵을 거쳐 장인(匠人)이 된 그 54
  _ 박유천 花藝디자인院 박유천 대표

03 플로리스트 아는 만큼 보인다!
- 백조의 발을 볼 수 있어야 한다 63
- 대학을 갈 것인가? 학원을 갈 것인가? 67
- 탁월한 학원 선택에 대하여 69
- 유학, 가는 게 좋을까? 72
- 〈인터뷰〉 독일에서 플로리스트 마이스터 자격증을 취득한 그녀 78
  _ 플라워 숍 구테 인 그린 김정미 실장

04 그 밖의 궁금증
- 플로리스트는 여성을 위한 직업이다? 87

플로리스트가 돈 잘 번다는 생각에 대하여 90
좀 더 빨리 배울 수는 없을까? 93
나이와 배움의 상관관계 96
〈인터뷰〉 호텔리어로 제 2의 인생을 다시 꽃피운 그녀 100
　　　_ 조선호텔 플라워 숍 제인패커 매니저 왕경희
서양식 플라워 디자인만 잘하면 된다? 106
tip) 유러피언 스타일도 나라마다 특징이 있다.
〈인터뷰〉자연주의 플라워 디자인을 표방하는 그녀 110
　　　_ 플라워 숍 빌리디안의 곽재경 실장

05 플라워 숍 만들기

어떤 플라워 숍을 차릴 것인가? 119
　　차별화로 승부하라
　　'컨셉트'가 있는 공간을 연출하라
　　무엇에 주력할 것인지 목적을 분명히 하라
　　경험과 실력을 쌓는 데 집중하라
　　tip) 싱싱한 꽃을 고르는 노하우와 물오름 조절
　　초보에겐 체인점도 하나의 방법이다
플라워 숍 창업을 위한 step by step 134
　　창업의 첫 단추, 시장조사
　　창업후보지 입지 탐색
　　사업계획서 작성하기
　　입지선정하고 계약하기
　　인테리어와 상품배치하기
　　사업자 등록하기
　　오픈하고 홍보하기
　　tip) 온라인으로 하는 '나홀로' 꽃집 창업
　　　예비 플로리스트가 가볼 만한 플라워 숍들

〈인터뷰〉 꽃집의 명품 브랜드를 만든 그녀 148
　　　_ 소호 앤 노호의 이혜경 원장
프로페셔널을 향한 첫걸음, 취업하기 154
다니는 교육기관을 통해 취업하기
인터넷 사이트를 통해 취업하기
강습 받던 개인 플라워 숍에 취업하기
직접 발품 팔아 취업하기

06 플라워 디자인을 배울 수 있는 교육기관 리포트
현지 감각을 배울 수 있는 해외 교육기관 163
　　영국 / 네덜란드 / 미국 / 일본
　　tip) 영국 칼리지와 사설학교의 차이점
이론 중심의 교육을 배울 수 있는 정규대학 및 학점 은행제 180
　　전문 대학 / 4년제 대학 / 대학원 / 학점 은행제
체계적인 교육과정을 접할 수 있는 플로리스트 학원 184
　　방식 꽃 예술원 / 세보 플라워 스쿨 / 서울 플로리스트 아카데미
　　/ 소호 앤 노호 / 오면 꽃 예술학원 / 오아시스 플로리스트 스쿨
　　/ 플라워밸리 아카데미
　　tip) 꽃으로 세계를 누비는 스타 플로리스트들

07 플로리스트 지망생이 꼭 알아야 할 플로리스트 상식 & 정보
플로리스트가 다루는 다채로운 플라워 분야 199
　　동양식 꽃꽂이 / 유러피언 스타일 / 웨스턴 스타일 / 압화 디자인
　　/ 드라이 플라워 디자인 / 조화 디자인 / 그린 인테리어 / 플라워 래핑
플로리스트가 알아야 할 기초용어 모음 210
　　와이어링 (wiring)
　　　씨큐어링 메서드 / 쏘잉 메서드 / 인서션 메서드 / 익스텐션 메서드

／ 서포터 ／ 크로스 메서드 ／ 헤어핀 메서드 ／ 트위스팅 메서드
／ 후크 메서드 ／ 피어스 메서드

베이싱 (basing) 212
／ 레이어링 ／ 스테킹 ／ 클러스터링 ／ 터프팅 ／ 테러싱 ／ 파베

꽃의 형태에 변화를 주는 방법 213
／ 리플렉싱 ／ 리무빙 ／ 틴팅 ／ 피더링 ／ 압스트랙팅 ／ 디테이칭
／ 테일러칭 ／ 프루닝 ／ 미러링 ／ 프레이밍 ／ 섀도잉 ／ 시퀀싱
／ 그레디에이션 ／ 셀터링 ／ 플레이팅 ／ 마사징 ／ 베일링 ／ 번들링
／ 바인딩 ／ 밴딩 ／ 래핑 ／ 레이싱 ／ 번칭 ／ 내추럴 프레임워크
／ 컴포사이즈 ／ 보카쥬

그 외 217
／ 어레인지먼트 ／ 컬러링 ／ 페탈링 ／ 테이핑 ／ 그루핑 ／ 조우닝

부케 218
／ 핸드타이드 부케 ／ 비데마이어 부케 ／ 샤워 부케 ／ 암 부케
／ 캐스케이드 부케 ／ 크레슨드 부케 ／ 클러스터 부케 ／ 타지마지
／ 토크 부케 ／ 포지 부케

코사지 220
／ 코사지 ／ 코사지보 ／ 원 포인트 코사지 ／ 라운드 코사지

예비 플로리스트라면 꼭 알아야 할 꽃 이름 16가지 222
／ 작약 ／ 라넌큘러스 ／ 리시안셔스 ／ 거베라 ／ 카라 ／ 장미 ／ 조팝
／ 수국 ／ 히아신스 ／ 나리 ／ 무스카리 ／ 카네이션 ／ 튤립 ／ 알륨
／ 설유화 ／ 안수리움

tip| 꽃과 식물에 대한 정보를 모아놓은 인터넷 사이트

해외 flower book 230
[부록] 화훼장식기능사 시험 안내 236

01

아름다움이 담뿍 배어나는 꽃을 보는 일은 언제나 즐겁다. 그 다양한 생김새며 색깔, 그리고 매혹적인 향기까지, 꽃은 우리에게 크고 작은 기쁨으로 다가온다. 이처럼 자연이 주는 축복과도 같은 꽃에 새로운 느낌을 담아내는 사람들이 있다. 바로 꽃을 디자인하는 플로리스트들이다. 꽃으로 특별한 이야기를 만들어 가는 사람들. 그들은 과연 누구이며 또 무엇을 하는지, 꽃보다 아름다운 플로리스트의 세계를 소개한다.

플로리스트는 꽃과 식물에 대한 다양한 지식을 바탕으로 일상을 예술로 승화시키는 사람들이다.
꽃이 있는 생활, 꽃과 함께 하는 여유, 꽃이 주는 풍요로움을 누릴 수 있도록 소중한 역할을 해내는 연금술사들.
그들이 바로 플로리스트인 것이다.

향기로운 꽃의 마법사 플로리스트

그의 이름은 플로리스트

　2005년 11월 17일. 부산 해변 가에 위치한 웨스틴조선호텔은 그 여느 때보다도 특별한 꽃향기로 가득 차 있었다. 얼마 후면 도착할 부시 미 대통령 내외를 맞이하기 위해 신귀한 꽃들로 프레지던드 스위드룸을 온통 장식했기 때문이다.

　부시 미 대통령은 부산 APEC(아·태 경제협력체) 회의 참석차 이곳에 오기로 되어 있었다. APEC의 주빈을 맞는 호텔로서는 홍보를 위한 절호의 기회가 아닐 수 없었다. 호텔 전체가 비상체제에 돌입한 지 수 개월…. 이미 91평이나 되는(일반 객실의 10배 규모) 스위트룸은 한국적인 아름다움을 느낄 수 있도록 멋스럽게 단장되어 있었다.

하지만 이 가운데 가장 눈길을 끄는 것은 역시 '꽃'이었다. 꽃은 마치 모든 장식이 제 역할을 하도록 만드는 조율사처럼 데커레이션을 완성했다. 한지 느낌의 벽지도, 호롱불 모양의 스탠드도, 심지어 부채 모양의 쿠션까지 꽃이 있어 더욱 아름답게 살아났다. 그리고 그 중심에 꽃을 통해 공간을 디자인하는 왕경희 씨가 있었다.

시간을 다투는 작업 현장에서

벌써 세 시간째, 그는 숨 한번 돌릴 겨를 없이 일에 몰두하고 있다. 째깍째깍 시간이 흐를수록 거실과 침실, 식탁, 회의실, 그리고 각 코너마다에 꽃을 장식하는 그의 손길은 더욱 빨라진다. 함께 작업하는 스텝들도 바쁘긴 마찬가지였다. 플로럴 폼(꽃을 꽂는 흡습성 스펀지)을 다듬거나 조금이라도 손상이 간 꽃잎을 조심조심 떼어내는 이들의 이마엔 어느새 땀방울이 송골송골 맺혀 있다.

흥미로운 사실은 장식되는 꽃이 대부분 흰색이라는 점이다. 로라 부시 여사가 평소 흰 꽃을 좋아하기 때문이라는데, 왕경희 씨는 사전에 미 정보부를 통해 이 사실을 전해 듣고 세계에서 가장 품위 있다고 알려진 꽃만을 준비했다. 덕분에 카사블랑카, 덴드로비움, 장미(마르샤), 화이트 리시안셔스 등 대부분의 꽃이 네덜란드에서 공수되었다. 방 한 곳을 장식하는 데 사용된 꽃값만 200만 원이 들었다. 특히 흰 나리의 여왕이라고 불리는 카사블랑카는 '007 작전'을 방불케 하는 공

수 과정을 거쳐 들여왔다.

그는 집어든 꽃들을 서로 섞지 않고 카사블랑카는 카사블랑카끼리, 리시안셔스는 리시안셔스끼리 모아 둥그스름하고 긴 화기 속에 꽂아 넣었다. 소위 섹션 스타일(Section Style)이라 불리는 장식법인데, 이는 우아하면서도 자연스러움을 추구하는 유럽풍의 꽃꽂이 스타일이다. 세계적인 플라워 브랜드 숍 제인패커의 수석 매니저답게 격조 높은 영국식 플라워 디자인을 해온 그의 이력이 새삼 돋보이는 순간이다.

하나 둘씩 화기 모양에 어울리도록 꽃이 완성될 때마다 그는 이것을 스위트룸 곳곳에 올려놓았다. 그리고는 조금 뒤로 물러서서 가장 적당한 위치에 잘 놓여졌는지, 꽃의 형태는 완벽한지 다시 한 번 꼼꼼히 살펴보았다. 한국의 위상을 높일 수 있는 중요한 기회인 만큼 한 치의 오차도 없어야 했다. 마지막으로 그는 마사지와 컬러 테라피를 할 수 있도록 특수제작된 욕조 안에 흰 장미인 마르샤나 꽃잎을 떼어 살살 뿌려 놓았다. 금세 욕실 가득히 장미 특유의 은은한 향기가 기분 좋게 퍼졌다.

마침내 세 시간여에 걸친 작업도 끝이 났다. 그의 얼굴에 안도의 한숨이 가늘게 새어나왔다. 마치 소리 없는 태풍처럼 일을 마친 왕경희 씨와 스탭들은 조용히 스위트룸을 빠져나갔다. 그리고 며칠 뒤 로라 부시 여사가 스위트룸에 장식된 꽃들에 대해 극찬을 아끼지 않았다는 뉴스가 흘러나왔다.

플로리스트는 꽃을 디자인하는 사람

'꽃집의 아가씨는 예뻐요. 그렇게 예쁠 수가 없어요…'
아마도 나이 지긋한 어른들에게는 아주 친숙한 노랫말일 것이다. 아름답고 감미로운 짝사랑의 노래이긴 하지만, 한편으로는 꽃을 다루는 이들에게 지극히 단편적인 이미지만을 부여하고 있는 것도 사실이다.

예전에는 꽃집이나 꽃을 파는 사람이라고 하면 단순히 젊은 여성을 떠올리거나 아름다움의 상징으로 생각했지만 요즘은 사정이 달라졌다. '플로리스트'들이 화훼업계를 이끌고 있기 때문이다.

최첨단 직업의 전시장이라는 TV 드라마에서도 플로리스트는 그 어떤 직업보다 매력적인 직업으로 묘사되고 있다. 드라마 속의 플로리스트들은 단순히 꽃집 주인이나 꽃집 아가씨가 아니라 고도의 전문성을 발휘하는 당당한 커리어우먼, 또는 예술적인 감성을 발휘하는 아티스트로서 등장한다. 세상이 바뀌었음을 보여주고 있는 것이다.

이렇게 플로리스트의 위상이 달라진 것은 꽃에 '디자인' 개념이 도입되었기 때문이다. 1980년대 후반 일본에서 열린 '세계 화예 디자인 경연대회'는 우리나라의 화훼 업계에 디자인 혁명을 일으키는 계기가 되었다.

물론 이전에 꽃을 디자인하는 이들이 없었다는 의미는 아니다. 비상업적인 예술로서 동양식 꽃꽂이는 무려 반세기에 가까운 역사를 가지고 있다. 동양식 꽃꽂이를 하는 이들은 예술가로서 그들이 만든 작품을 전시하거나 제자들을 가르치며 활발히 활동해 왔다.

그러다 상품으로서의 꽃에 디자인 개념이 도입되면서 플라워 디자인이 대중화되고, 꽃을 디자인하는 이들을 플로리스트란 이름으로 부르기 시작했다. 물론 플로리스트라는 직업이 꽃에 특별한 가치를 부여하는 화려한 직업으로 주목을 받기 시작한 것은 두 말할 나위 없다. 특히 유학파나 다양한 경로를 통해 외국의 꽃 문

by 소호앤 노호 (삼청)

화를 경험한 플로리스트들이 대거 유입되면서 플라워 디자인은 한층 발전되었다.

이제 꽃과 꽃집의 개념은 확연히 달라졌다. 꽃 한 다발을 묶어 비닐에 둘둘 마는 것이 전부였던 꽃 상품들은 이전과는 비교할 수 없을 만큼 다양해졌고 개성이 넘친다. 최근에는 전통 꽃꽂이의 미(美)를 적용한 보다 고급스러운 상품들까지 출현해 인기를 끌고 있다. 꽃의 가치가 한층 높아진 것이다.

그리고 그 중심에 플로리스트가 있다. 플로리스트는 아무렇게나 피어있는 작은 들꽃까지 아름다운 작품으로 만들어 소비자들에게 선

사한다. 전시장에서나 보던 작품들이 일상의 한 부분으로 들어오게 된 것은 정말이지 생활문화의 혁명이라 부를 만하다.

따라서 지금까지 꽃과 꽃을 다루는 이들에 대해 막연히 '꽃을 파는 사람들' 정도로만 알고 있었다면 인식 자체를 바꾸어야 한다. 플로리스트는 꽃과 식물에 대한 다양한 지식을 바탕으로 사람들의 일상을 예술로 승화시키는 사람들이다. 꽃을 아름답게 디자인함으로써 우리에게 꽃이 있는 생활, 꽃과 함께 하는 여유, 꽃이 주는 풍요로움을 누릴 수 있도록 소중한 역할을 해내는 연금술사들, 그들이 바로 플로리스트들이다.

by 이혜경

꽃꽂이와 플라워 디자인의 차이

소위 이름이 있거나 잘나가는 꽃집에서 꽃을 주문해 보면 받는 순간 감탄을 금치 못한다. 그야말로 '작품'이 배달되어 오기 때문이다. 꽃을 사서 없는 솜씨로 화병이나 수반에 꽂아야 했던 옛날을 생각하면 격세지감이 느껴진다. 요즘의 꽃 상품들은 더하거나 뺄 것 없이 그 자체로 완벽한 예술품이다. 그것은 이미 '디자인 된' 상품인 것이다.

플로리스트들은 꽃을 사는 사람들이 최고의 만족과 감동을 얻을 수 있도록 용도에 맞게 꽃을 디자인한다. 기념일을 축하하고자 하는 이들, 사랑을 고백하고자 하는 이들, 집안을 아름답게 꾸미고자 하는 이들에게 마음이 담긴 디자인을 전하는 것이다. 소비자는 자신이 원하는 스타일의 디자인을 고르고 감상하기만 하면 된다. 이것이 바로 지금의 플라워 디자인이다.

그렇다면 플라워 디자인은 우리가 지금까지 알고 있던 꽃꽂이와는 어떻게 다를까? 이 둘의 가장 큰 차이점은 꽃꽂이가 꽃을 꽂는 방법을 칭하는 말이라면, 플라워 디자인은 꽃꽂이를 어떻게 할 것인가 하는 기획을 뜻한다는 것이다. 흔히들 플라워 디자인이라고 하면 동양식 꽃꽂이와 대립하는 개념의 서양식 꽃꽂이를 일컫는 말이라고 알고 있지만 그것은 잘못된 생각이다. 꽃꽂이와 플라워 디자인은 영역이 조금 다른 말이기 때문이다.

먼저, 꽃꽂이는 동·서양에 관계없이 병이나 수반(바닥이 편평하고 높이가 낮은 용기)과 같은 용기에 플로럴 폼(통상 오아시스라고 불리는 것) 등의 파운데이션을 이용하여 전체적인 모양을 디자인하는 것을 말한다. 영어로는 플라워 어레인지먼트(Flower arrangement)라고 하며, 플라워 디자인은 플라워 어레인지먼트 디자인(Flower arrangement design)이라고 한다. 즉 플로리스트가 하는 플라워 디자인의 한 부분이다.

 그저 꽃을 예쁘게 꽂는 정도로 알고 있는 꽃꽂이, 즉 어레인지먼트는 사실 의미가 매우 크다. 평소 식탁이나 창가 등과 같이 어느 한 장소에 두고 바라보는 정형물(흔히 식탁 위에 분홍장미가 풍성하게 꽂혀있는 유리 화병을 생각하면 이해가 갈 것이다)뿐 아니라, 부케나 가슴에 붙이는 코사지 등도 포함한다. 뿐만 아니라 축하용이나 장례용 화환과 같이 비교적 크기가 큰 화환과 스탠드 꽃을 비롯해 말린 꽃으로 꾸미는 드라이 플라워도 모두 꽃꽂이다.

 플라워 디자인은 바로 이런 꽃꽂이에 자신만의 아이디어와 생각을 더하여 디자인을 돋보이게 하는 것이다. 엔틱, 로맨틱, 클래식, 모던, 심플, 여피…. 이제 이러한 말들은 패션이나 인테리어만의 전유물이 아니다. 플라워 디자인은 상황과 장소에 맞는 다양한 스타일을 제안하고 특별한 효과를 노리는 기획까지를 포함하는 개념이라고 할 수 있다.

 특히 요즘의 플라워 디자인은 한계가 없을 정도로 영역이 다양해지고 끊임없이 변화하고 있다. 그리고 무엇보다도 과거 예술 활동으로서의 가치를 넘어 이제 상업적인 영역으로 활동 범위를 확대했다는 점에서 그 의미가 크다고 할 수 있겠다.

by 이혜경

플라워 디자이너, 코디네이터 그리고 플라워 스쿨 강사

　꽃이 좋아 플로리스트가 되고자 하는 사람들은 시작하기 전이나 혹은 배우는 과정에서 플로리스트가 가진 여러 가지 얼굴을 발견하게 된다. 플라워 디자이너, 플라워 코디네이터, 플라워 스쿨 강사…. 이늘은 서로 다른 얼굴을 가지고 있지만 플로리스트라는 하나의 이름으로 아우를 수 있다. 즉, 어떤 곳에서 어떤 목적으로 디자인 활동을 하느냐에 따라 플로리스트가 가지는 명함도 다양해지는 것이다.

　먼저 플라워 디자이너를 살펴보자. 꽃을 디자인 하는 사람을 플라워 디자이너라고 부르는 것은 맞지만, 좁은 의미로 사용될 때에는 플라워 숍에서 일하는 사람을 일컬어 플로리스트, 또는 플라워 디자이너라고 부른다. 좀 더 자세히 보자면 플라워 디자이너는 플라워 숍에서 꽃다발이나 꽃바구니, 꽃 포장, 연회용 꽃, 또는 기업 단체 행사용 꽃과 각종 식물 등 꽃과 식물에 관한 다양한 상품을 만드는 일을 하는 사람들이다. 이들은 언제나 화려한 꽃과 싱그러운 식물들에 둘러싸여 아침을 맞고 또 하루를 마감한다. 하루 일과의 대부분을 소비자들에게 아름다운 꽃을 디자인해 파는 일로 채우는 것이다.

반면 플라워 코디네이터는 프리랜서의 성격이 강하다. 이들은 한 곳에 머물면서 꽃을 판매하기보다는 직접 필요한 장소에 가서 꽃을 장식한다. 주로 호텔이나 레스토랑, 예식장, 모델하우스, 방송국 스튜디오, 패션쇼 등이 이들의 주요 활동 무대다. 공간의 아름다움과 부드러움, 화려함 등을 표현하는 데 있어 꽃만한 재료가 없기 때문에 큰 행사나 업체에서는 늘 실력과 감각을 겸비한 전문 플라워 코디네이터를 필요로 하고 있다.

이런 분야에 특히 필요한 것은 인테리어 감각이다. 플라워 코디네이터들은 꽃은 물론 꽃을 장식할 공간까지 파악해 전체적인 스타일링을 연출해 낸다. 이때의 꽃은 단순히 꽃이 아니라 공간을 연출하는 인테리어 재료가 되는 것이다. 이렇듯 공간의 미학을 살려낸 플라워 디자인으로 클라이언트들이 자신의 목적을 이룰 수 있도록 돕는 이가 바로 플라워 코디네이터다.

마지막으로 플라워 스쿨 강사는 말 그대로 플라워 디자인을 가르치는 사람이다. 꽃을 디자인하는 것은 물론 아름다운 꽃을 매개체로 가르치는 보람까지 맛볼 수 있다. 또한 자신만의 독창적인 세계와 트렌드를 개발해 그것을 학생들에게 전수한다. 당연히 자기 존재감을 크게 느낄 수 있는 분야라 할 수 있겠다. 뿐만이 아니다. 교육을 하지 않는 시간을 이용해 새로운 창작 활동이나 다른 일을 겸할 수 있다. 게다가 강사 자신이 상품이기 때문에 특정한 사무실이나 비용 없이도 학생들을 가르칠 수 있고, 비교적 덜 제한적인 환경 속에서 자유롭게 일할 수 있는 것이 장점이다.

이렇듯 플로리스트는 경영과 스타일링, 그리고 가르침을 아우르는 멀티플레이어다. 따라서 꽃을 디자인하는 능력만 갖춘다면 자신의 취향과 적성에 따라 다양한 일을 해낼 수 있다.

실제로 플로리스트로 활동하는 사람들 대부분은 분야를 정확히 나눠 일하기보다는 두세 가지 일을 겸직하는 경우가 훨씬 많다. 예를 들어 플라워 숍을 경영하면서도 클라이언트로부터 의뢰가 들어오면 꽃을 장식하기 위해 직접 이벤트나 행사장으로 달려가기도 하고 자신의 숍에서 틈틈이 강습을 통해 학생들을 가르치기도 한다. 이것은 플라워 코디네이터나 플라워 스쿨 강사도 마찬가지이다. 자신이 감당만 할 수 있다면 모두 다 해내는 것이 여러모로 효율적이기 때문이다.

인터뷰 1 _ His Story

국내 플로리스트 1세대인 꽃의 거장
방식 꽃 예술원
방식 원장

'플로리스트 방식' 하면 동양인 최초의 마이스터 플로리스트로 이 분야에서 알 만한 사람은 다 아는 꽃의 거장이다. 국내 플로리스트 1세대이자 우리나라에 플로리스트란 명칭을 본격적으로 인식시킨 선구자이기도 한 방식 씨. 1979년 서울 혜화동에 〈방식 꽃 예술원〉을 연 뒤로 지금까지 전국 100여 곳의 지부에서 1만 여명의 제자들을 배출해왔다. 그의 이름 앞을 장식하는 수식어들은 듣기만 해도 화려하기 그지없다. 그러나 대부분 석세스 스토리의 주인공들이 그러하듯이 그의 오늘날은 지난날의 치열한 삶의 여정이 없었다면 불가능한 것이었다. 8년 여에 걸친 독일에서의 마이스터 플로리스트 과정이 그랬고, 80년대 불모의 땅에 새로운 꽃 문화를 선보이고자 도전했던 과정이 그랬다. 그리고 지금까지도 그는 여전히 변화무쌍한 꽃 장식을 시도하며 20년이 넘도록 한결같이 마이스터의 길을 걷고 있다.

interview

》 사랑을 찾아간 독일에서 꽃을 만나다

그가 독일이란 나라로 건너간 건 고등학교 3학년 때 알게 된 사랑 때문이었다. 그러나 먼 이국땅에 도착하자마자 그는 사랑을 잃고 광부가 되었다. 광부가 된 지 15개월 째, 그는 빚진 항공료를 모두 갚았고 꽃에 인생을 걸기로 했다. 그렇게 해서 찾아간 곳이 본에 있는 바움슐레 'Ley' 꽃 장식 학교. 100여 년의 유구한 전통을 자랑하는 이 원예학교는 국가가 인정하고 지원하는 곳으로 이곳의 교과과정을 거쳐야 마이스터 플로리스트 시험에 응시할 수 있는 자격이 주어진다. 하지만 그 교과과정이 길고 혹독해 독일 정부가 인정하는 플로리스트는 바로 세계가 인정하는 플로리스트라고 해도 과언이 아니었다.

"규칙을 어기면 즉시 출국하라"는 칼라이 교장 밑에서 시작한 학습은 엄했다. 실습은 거의 중노동에 가까워 힘들어도 앉지를 못했으며 손이 헤어서 피가 나도 장갑을 끼지 못했다. 꽃을 감는 끈 간격의 작은 오차로도 작품이 흐트러진다고 질책을 받았기 때문이다. 게다가 셀 수 없이 많은 꽃의 라틴어 학명을 외워야 했다. 하지만 남들보다 몇 배나 기를 쓰고 공부한 끝에 학명을 외우는 일에서도 남에게 뒤지지 않았다. 그리고 이런 피나는 노력은 임하고 무뚝뚝하기만 했던 스승 칼라이의 인정을 받아내기에 이르렀다. 실습장 안에 있는 꽃 백화점의 일을 그에게 맡겼을 정도였으니 말이다. 아직 실습기간을 채우지 못한 실습생에게는 있을 수 없는 일이었다.

그러던 어느 날, 그의 독창적인 아이디어가 빛나는 작품이 주목을 받게 되는 작은 사건이 일어났다.

"무덤가에 가져다 놓을 꽃을 주문하는 사람이 있었어요. 추운 겨울이었는데 금방 시들 게 뻔했죠. 그게 아까워 저는 드라이플라워(말린 꽃과 잎 등으로 장식한 것)를 권했어요. 그런데 그것이 그때까지 보지 못한 새로운 것이었나 봅니다. 독일 일간지에 대서특

필되었으니까요."

그는 한국의 어머니께 부탁해 공수해 온 조롱박, 수세미, 옥수수 등 한국적인 소재들을 이용해 자신만의 꽃 작품을 선보였다. 거기에는 '남의 언저리는 더듬지 않는다. 새로운 것을 나만의 방식으로 시도하는 것이 내가 하고 싶은 꽃 장식.' 이라는 그의 철학이 고스란히 녹아 있었다.

그렇게 8년에 걸쳐서 플로리스트와 마이스터 과정을 모두 마치고 그는 마침내 독일 정부가 인정하는 마이스터 플로리스트가 되었다. 동양인으로서는 최초였다. 마이스터 플로리스트가 된 이후에는 슈미트총리 관저와 유서 깊은 성당 크산텐 돔에서 꽃 장식을 하기도 하고, 프랑스 대사 부인의 스승 노릇도 하는 등 남부럽지 않은 생활을 할 수 있었다. 하지만 그는 고향이 그리워 결국 만류하는 스승을 뿌리치고 1979년 한국으로 돌아왔다.

》 꽃에 예술적 가치를 불어 넣다

그가 혜화동에 〈방식 꽃 예술원〉을 열던 당시만 해도 그에게 꽃을 배우려는 사람은 별로 없었다. 꽃 장식이 아닌 꽃 예술을 펼쳐 보이려고 했지만 그러기엔 상황이 너무 척박하기만 했다. 그러던 중 우연히 의상 디자이너와 함께 패션쇼를 하게 됐는데, 이때 그의 독창적이면서도 신선한 작품이 까다로운 패션 디자이너들의 입소문을 타기 시작했다. 그때부터였다. 독일에서 온 마이스터란 소문도 덩달아 퍼지면서 수강생이 점차 늘어난 것. 게다가 방송국의 꽃 장식 협찬을 받고부터는 유명세를 타 랜드로바, 금강, 비제바노 등 당시 명동의 주요 매장 쇼윈도의 디스플레이를 도맡아 장식했다. 나중엔 백화점

interview

디스플레이, 영화의 무대장식, 미스코리아대회 및 여러 국제 행사까지 분야를 넓혀갔다. 꽃꽂이에 예술적 가치를 불어넣은 그의 작품이 대히트를 친 것이다. 특히 88서울 올림픽의 개회식과 폐막식, 승마경기장의 꽃 장식은 그의 꽃 예술가로서의 입지를 더욱 단단하게 해주었다. "그 시절엔 꽃꽂이를 단순히 수반을 이용한 장식으로 생각하는 게 일반적이었죠. 하지만 꽃은 훨씬 많은 분야에서 다양하게 쓰일 수 있어요. 꽃이 공간 장식과 조경을 비롯해 여러 분야에서 훌륭하게 사용될 수 있는 소재라는 가능성을 알리고 싶었습니다."

그는 지금도 시간이 날 때마다 냉장고에 학명을 붙여놓고 외울 만큼 스스로에의 고삐를 늦추지 않고 있다. 하지만 제자들이 자신이 해왔던 그대로를 답습하는 것은 원치 않는다고. 꽃이 자연 속에서 항상 변화하듯 제자들도 그러하기를 바라는 것이다.

그는 캐빈 리, 문현선 씨 등 걸출한 플로리스트 제자들을 배출해온 스승이기도 하다.

"플로리스트는 식물 자체가 가지고 있는 역사를 잘라서 쓰는 직업이에요. 자연이 가지고 있는 운동성과 움직임을 함께 꽂는 것이지요. 때문에 그 모습과 존재를 알기 위해서는 무엇보다 자연 속에서 지식과 영감을 얻으려는 자세가 필요해요. 기능적인 것은 당연하고 거기에 자연의 경험을 더하지 않으면 안되는 것이지요. 그것을 바탕으로 똑같은 것을 되풀이하지 않기 위해, 배운 것을 뛰어넘기 위해 도전을 멈추지 않아야 합니다."

by 방식

앙드레 말로는 '오랫동안 꿈을 그리는 사람은 마침내 그 꿈을 닮아간다'고 했다. 이 명언이 말해 주듯이 예비 지망생들은 플로리스트를 가슴에 새기는 것만으로도 그 가능성에 한 발 다가서는 셈이다. 그러나 꿈이란 단지 꾸기만 해서는 이루어지지 않는다. 그렇다면 플로리스트가 되는 방법은 무엇일까. 그 첫걸음은 어떻게 내딛는 것이 좋을까? 지금부터 그 해답을 하나하나 풀어보도록 하자.

꽃을 사랑하는 마음은 플로리스트로서 활동할 때 지녀야 할 감성의 주춧돌이 되어 준다.
플라워 디자인이란 결국 인간의 가장 기본적인 감성을 자극하는 예술 활동이기 때문이다.

플로리스트로서의 삶을 꿈꾸다

도전할 가치가 있는 직업인가?

 꽃을 디자인하는 플로리스트의 세계는 분명 매력적이다. 특히 '꽃만 보면 너무 행복해' 내지는 '프로페셔널한 그들의 모습을 닮고 싶다'는 사람들에겐 그 매력이 너욱 특별하게 다가살 것이다. 때문에 요즘 들어 플로리스트를 꿈꾸는 이들이 많아지고 있다. 사실 나름대로 유서 깊은 직종이지만 미래를 향한 열린 직업으로서 플로리스트가 떠오르고 있는 것이다.

 하지만 모든 직업이 다 그러하듯이 그것을 시작하기 전에 먼저 생각해봐야 할 것이 있다. 바로 '도전할 만한 가치가 있는가'이다. 아무리 내가 좋아하고 또 하고 싶은 일일지라도 내 미래를 걸고 도전할만

한 비전이 없다면 목표를 향해 가다가 금세 의욕이 꺾일 수 있기 때문이다. 여기서 말하는 비전이란 단지 발전 가능성만은 아니다. 자신의 '끼'를 충분히 살리면서 보람과 성취감도 느끼고, 함께 경제적인 보상 또한 기대할 수 있어야 한다.

자, 그렇다면 플로리스트는 과연 나를 꽃피울 수 있는 직업일까? 단도직입적으로 말하면 플로리스트는 누구든 마음만 먹는다면, 그리고 노력만 한다면 자신을 꽃피울 수 있는 유망직업이다. 플로리스트는 최근 온라인 리크루팅 업체에서 조사한 여성 유망직종에 당당히 포함되었고, 교육인적자원부가 발간한 '미래의 직업 세계 2007'에 평생직업으로 가장 적당한 직업 중 하나로 선정되기도 했다. 뿐만 아니라 파티시에, 푸드 스타일리스트, IT 컨설턴트 등과 함께 예전에 X세대였던 부모들이 선호하는 자녀의 희망직업으로 조사되기도 해 그 인기가 날로 높아지고 있다.

하지만 이러한 발표보다 더 중요한 것은 시대의 흐름이다. 요즘 사람들이 가장 필요로 하고 관심을 갖는 것은 다름 아닌 '웰빙'이다. 바꾸어 말하자면 건강하고 행복하게 사는 것이다. 현대인들은 먹고 살기 위해 앞만 보고 달려가기보다는 일상의 작은 기쁨에 눈을 돌리고 나름대로의 여유를 즐기면서 살고싶어 한다. 이 때문에 다양한 먹거리와 편리한 가전, 운동 프로그램 등 웰빙 상품들이 붐을 이루고 있다.

먹거리를 예로 들어보자. 흔히 '보기 좋은 떡이 먹기도 좋다'고 맛은 물론이고 요리가 얼마나 스타일리시하게 나오느냐에 따라 고급 음

식점의 인기 판도가 달라진다. 바로 행복하고 여유롭게 살고자하는 욕구의 반영이다.

다시 꽃으로 돌아오면 웰빙은 꽃 문화에서도 나타난다. 예전엔 스승의 날이나 생일, 개업과 같은 특별한 날에만 꽃을 주고받았는데 요즘엔 자신의 집을 꾸미거나 일상의 크고 작은 모

by 빌리디안

임을 위해 꽃을 사는 일이 늘고 있다. 보다 윤택하고 여유로운 삶을 위한 선택에 꽃이 빠질 수 없기 때문이다. 이는 우리나라의 최근 꽃 소비량이 매년 약 20~25%씩 증가하는 것만 봐도 알 수 있다.

하지만 아직 가야할 길은 멀다. 유럽 선진국이나 미국, 일본과 비교할 때 우리나라의 꽃 소비량은 미미한 수준에 불과하다. 예를 들어 이웃 일본의 경우 국민 1인당 꽃 소비량이 약 135달러로 우리나라에 비해 10배 정도가 많다. 평소 꽃을 생활 속에서 즐기려는 문화가 그들에게 이미 일상화되었다는 말이다. 실제로 일본에서는 꽃을 사기 위해 사람들이 꽃집 앞에 줄서 있는 광경을 쉽게 볼 수 있다.

이쯤에서 잠시 일본이나 유럽, 미국의 꽃 문화를 살펴보도록 하자. 우리보다 앞서 있는 그들을 통해 역으로 우리나라에서 플로리스트라는 직업이 얼마나 발전 가능성이 있는가를 가늠하기 위해서이다.

일본은 세계에서 꽃 종류가 가장 많다고 할 만큼 꽃 문화가 발달되어 있다. 플라워 숍에 가 보면 '이런 꽃도 있었네!' 라는 감탄사가 절로 나올 만큼 수많은 종류의 아름다운 꽃들이 즐비하다. 꽃의 품질이 우수한 것은 두말할 나위 없다. 흰 장미를 수입해서 꽃 시장에 옮길 때 약간의 색도 손상되지 않도록 꽃을 감싸는 포장조차 반드시 흰색을 고수할 정도이다.

또한 꽃집에서는 도저히 그냥 지나치지 못할 만큼 작고 앙증맞게

포장된 꽃들을 판매하고 있다. 그 개성 넘치는 아이디어가 '일본스럽다.'라고 밖에는 표현할 수 없을 만큼 기발함이 톡톡 튄다. 때문에 가격이 꽤 비싼 편임에도 불구하고 소비자들은 플로리스트가 디자인한 꽃들을 기꺼이 구입해 집안을 장식한다. 옛 것과 트렌디한 스타일, 더 나아가 동·서양이 믹스된 스타일이나 기업화된 숍 등 다양성이 공존하는 것이 일본 꽃 문화의 특징이다. 그리고 그 다양성이 일본 소비자들의 꽃에 대한 까다로운 입맛을 골고루 충족시켜주고 있다.

그렇다면 유럽 선진국이나 미국은 어떨까? 그들이야말로 꽃 문화가 자연스런 일상이 된 지 오래다. 누군가를 만나러 가거나 집안의 식탁과 창가를 꾸밀 때 꽃은 항상 빠지지 않는다. 또 워낙 파티와 이벤트가 발달된 문화권이라 꽃은 일상에 늘 함께 있는 존재이다. 각종 꽃 전시회와 박람회 역시 남녀노소 모두가 함께 즐기는 대중적인 축제인 것은 말할 것도 없다. 게다가 곳곳에 자리한 크고 작은 정원은 언제나 꽃을 즐기려는 사람들을 환영한다.

우리나라는 아직까지 꽃이 사치고 낭비라는 인식이 많다. 특별한 날, 남을 위해 꽃을 살 수는 있어도 나와 내 가족을 위해 꽃을 사는 이는 적다는 이야기다. 하지만 우리나라도 꽃 문화에 대한 미래는 밝다. 앞에서도 언급한 것처럼 요즘 들어 웰빙이 하나의 문화 코드로 자리 잡으면서 꽃은 여유롭고 행복하게 살기 위한 즐거운 선택이 되고 있다. 소득수준이 높아지면서 꽃을 생활 속에서 즐기려는 사람들이 늘고 있는 것이다.

게다가 예전과 달리 지금은 스타일리시한 심미안을 가진 소비자들이 점점 늘고 있다. 이들은 화려한 포장지로 휘감은 꽃이 아닌, 남다른 감성과 센스가 살아있는 꽃을 원한다. 때문에 프로페셔널한 직업, 플로리스트는 앞으로 더 많은 미래의 비전을 기대할 수 있다.

자질과 열정 사이

누구나 낯선 직종에 처음 발을 들여놓을 때는 설렘보다는 두려움이 앞서게 마련이다. 플로리스트에 대한 선망이 커질수록 정작 자신감은 줄어들기도 한다. 특히 어린 시절부터 미술 점수는 바닥이었고 화분 하나 제대로 간수하지 못했던 이라면 시작도 하기 전에 낭패감부터 들 수 있다.

어떤 직업이든 특정한 자질이 요구되는 것은 사실이다. 플로리스트들에게도 반드시 갖추어야 할 자질이 있다. 우선 빼놓을 수 없는 것은 '꽃을 사랑하는 마음'이다. 이 마음은 누가 시킨다고, 혹은 억만금을 준다고 해서 억지로 만들어낼 수 있는 것이 아니다. '이른 봄, 히아신스의 동그란 알뿌리에서 푸릇한 줄기와 작은 꽃봉오리가 소담스레 나오는 모습을 보고 마치 애인을 본 듯 좋았다'는 어느 플로리스트의 고백처럼 마냥 좋아할 수 있어야 한다. 만약 꽃을 연애하듯 사랑한다면 그는 플로리스트가 갖추어야 할 가장 중요한 자질을 가지고 있다고 보아도 무방하다.

꽃을 사랑하는 마음은 플로리스트로서 활동할 때 지녀야 할 감성의 주춧돌이 되어 준다. 플라워 디자인이란 결국 인간의 가장 기본적인 감성을 자극하는 예술 활동이기 때문이다. 게다가 플로리스트는 실력과 경험을 쌓을 때까지 시간과 열정을 끊임없이 투자해야 하는 분야이기 때문에 꽃에 대한 풍부한 애정 없이는 성공하기가 어렵다. 사랑 없이는 길고 지난한 수련 과정을 견디기 어렵다는 이야기다.

하지만 단순히 꽃을 좋아한다고 해서 플로리스트가 될 수는 없다. 플로리스트에겐 예술적인 감각도 사랑 못지않게 중요하다. 색채 감각과 디자인 감각 없이 꽃을 디자인한다는 것 자체가 어불성설인 탓이다. 하지만 자신에게 예술적 감각이 부족하더라도 실망할 필요는 없다. 성공 궤도를 달리고 있는 쟁쟁한 플로리스트 선배들은 예술적인 감각은 타고나는 것보다 길러지는 면이 더 많다고 충고한다. 예술적인 감각도 수련을 통해 만들어질 수 있다는 것이다.

또 하나의 자질은 꽃을 비롯한 식물들에 대한 지식과 그것을 다루는 능력이다. 살아있는 생명체를 만지는 직업인 만큼 이 지길도 매우 중요하다. 특히 잊지말아야 할 것은 잘린 꽃인 절화뿐 아니라 뿌리가 있는 식물을 잘 키우고 가꾸는 일도 플로리스트가 해야 할 일이라는 사실이다. 꽃의 생장을 모르면 꽃의 가장 아름다운 순간도 포착해 낼 수 없는 법. 꽃과 식물에 대한 지식과 경험 없이 포장 기술이나 디자인에만 열중하는 이는 플로리스트로서 성공하기 어렵다.

손재주도 중요한 변수이다. 플로리스트는 꽃을 위주로 작업하지만

by 방식

꽃을 돋보이도록 하기 위해 여러 가지 부재료를 쓴다. 플로럴 폼을 비롯해 리본과 같은 포장재, 철사, 아크릴, 철재, 양초 등 매우 다양한 부재료들로 꽃을 더욱 아름답게 장식한다. 따라서 작게는 꽃을 꽂기 위해 플로럴 폼을 다듬는 일부터 크게는 철재 프레임 등 공간을 장식하기 위한 오브제(꽃 이외의 재료)를 만드는 일까지 플로리스트들에게는 남다른 손재주가 필요하다. 물론 손재주 역시 어느 정도는 타고나는 부분이 있지만 여러 차례의 훈련과 경험을 통해 길러지는 면이 크다.

또 플로리스트가 되려면 체력과 부지런함도 있어야 한다. 흔히 예술 활동과 체력은 무관한 것으로 생각하지만 실제로는 정반대다. 결과물이 아무리 우아해도 그 이면에는 고된 노동이 깔려 있는 것이다. 그러나 뭐니뭐니 해도 가장 중요한 자질은 열정과 인내심이라 할 수 있다. 전문가라고 불리는 모든 직업이 그렇듯 플로리스트가 되는 과정은 길고 힘든 수련의 과정을 거쳐야 한다. 따라서 위에서 말한 모든 자질을 다 갖추고 있다 하더라도 열정과 인내심이 있는 사람의 '뒷심'은 따라갈 수가 없다. 반대로 이 두 가지만 잃지 않는다면 도끼를 이긴 서북이처럼 플로리스트로서 정상의 고지에 설 수 있게 된다. 자질과 열정 사이에서 어느 것 하나 소홀히 하지 않고 끊임없이 노력하는 사람. 그가 바로 플로리스트가 될 자격을 갖춘 이일 것이다.

미리 보는 플로리스트의 하루

플로리스트는 어떻게 일할까? 그들의 하루는 어떤 모습일까? 흔히 떠올리듯 '우아한, 아름다운, 화려한, 향기로운, 감각적인, 세련된…'이란 형용사와 닮아 있을까? 왠지 모르게 플로리스트의 일상에는 꽃의 향기로움이 배어있을 것만 같다. 당연하다. 그들은 꽃을 디자인하는 플로리스트니까….

그런데 실제 그들의 생활을 들여다보면 조금은 마음가짐이 달라진다. 그들의 삶에는 분명 달콤한 향기가 있지만 그 향기보다 진한 수고가 깃들어 있다.

● 플라워 디자이너

대부분의 플로리스트가 다 그렇지만 꽃집을 운영하는 플라워 디자이너의 하루도 새벽 꽃시장에서부터 시작된다. 플라워 숍 '구테인 그린' 김정미 실장의 경우를 예로 들어보자. 그녀는 보통 일주일에 세 번 정도 서울 양재동이나 반포 등 대형 꽃 시장에 들러 숍에서 판매할 꽃을 구입하는데, 시장에 가는 시간은 대략 6시~7시 사이이다. 꽃시장은 오전 1시부터 오후 1시까지만 생화를 판매하기 때문에 싱싱하고 품질이 좋은 꽃을 구매하기 위해서는 이른 새벽 시장을 이용하는 편이 좋다. 아직 하루를 시작하기엔 제법 이른 시간이지만

　꽃시장은 이미 꽃을 사고파는 사람들로 인해 활기가 넘친다. 김정미 실장은 이곳에서 계절마다 바뀌는 형형색색의 꽃을 구입하는 동시에 최근 유행하는 꽃의 경향도 파악한다. 그리고 특별히 필요한 꽃이 있다면 단골 가게에 미리 예약을 해둔다.

　숍에 출근하는 시간은 오전 9시 반 쯤. 출근하자마자 꽃을 다듬고, 물이 필요한 화분이나 꽃에 물을 준다. 이와 함께 온도와 습도를 서늘하게 조정하는 일도 잊지 않는다. 온도와 습도는 숍 안의 환경에서 가장 중요한 요소이다. 만일 온도가 높으면 꽃이 너무 일찍 피어버리고, 습도가 너무 낮으면 꽃이 싱싱하지 못하다. 따라서 실내가 너무 덥거나 건조하지 않도록 각별히 주의를 기울인다. 이것으로 손님을 맞고 꽃을 판매하기 위한 기본적인 준비는 끝이 난다.

이제 본격적으로 해야 할 일은 예약 받은 꽃을 디자인하거나 꽃과 화분을 판매하거나 고객과 상담을 하는 일이다. 이때는 특히 "무슨 꽃을 찾으세요?", 혹은 "어디에 쓰일 꽃인가요?"라고 질문을 던지며 고객의 취향과 용도를 재빨리 알아내는 순발력이 중요하다. 즉석에서 손님의 요구에 맞게 꽃상품을 만들기도 하지만, 상담을 통해 예약 주문을 받는 것이 더 반갑다. 아무래도 여유롭게 시간을 두고 스타일링을 해야 더 완성도 높은 디자인을 연출할 수 있기 때문이다. 물론 이를 위해서는 고객과의 충분한 커뮤니케이션이 무엇보다 필요하다.

그렇다면 하루 중 비교적 한가한 시간에는 무엇을 할까? 플라워 디자인 역시 유행에 민감하기 때문에 틈틈이 다양한 잡지나 관련 책자를 보면서 트렌드를 읽거나 디자인을 구상한다. 인테리어나 패션 잡지 등은 플라워 디자인에 대한 감각을 익히는 데 매우 좋은 자료가 되기 때문이다.

이렇게 오후 7시~8시쯤이 되면 하루 일과가 끝난다. 퇴근하기 전에 고객의 예약 주문 상황이나 강습 등의 스케줄을 확인하고 마지막으로 꽃을 정리하면 끝. 꽃은 싱싱한 것과 시든 것을 구분해서 정리하고, 꽃병의 물이 얼마만큼 있는지도 다시 한 번 확인한다. 만일 오후 시간에 강습이 있는 날엔 밤 9시~10시쯤 퇴근하기도 하는데, 이 같은 강습은 그녀뿐 아니라 많은 플라워 디자이너들이 개인 숍에서 진행하고 있는 프로그램이다.

● 스쿨 강사

플로리스트 양성학원 플로아트의 황현철 씨는 새벽같이 일어나 6시쯤 꽃시장에 들르는 것으로 하루를 시작한다. 그가 꽃을 구입하는 목적은 학생들에게 강의를 하기 위해서이다. 이때는 특히 수업을 위해 미리 구상해 놨던 크기와 색상의 꽃을 제대로 구입하는 것이 중요하다. 만일 크기가 적당하지 않은 꽃을 잘못 가져다가 실습할 경우엔 낭패를 볼 수도 있기 때문이다.

플로리스트 양성학원 플로아트의 황현철 원장

꽃을 구입하고 나서는 바로 학원을 향해 출발한다. 수업에 쓸 수 있도록 꽃을 미리 다듬어 놓으려면 서둘러야 한다. 오전 9시쯤 학원에 도착해서 약 한 시간 동안 꽃에서 불필요한 나뭇잎과 가지 등을 잘라 내어 수업에 쓸 수 있도록 정리해둔다.

수업은 요일에 따라 오전에 시작되는 날도 있고 오후에 시작되는 날도 있다. 오후에 수업이 있을 때는 오전부터 수업에 필요한 이론과 실기를 준비한다. 이때 이론은 교재와 관련서적 등의 자료를 보면서 내용을 미리 정리하고 복습한다. 실습 역시 마찬가지다. 제법 경력을 지닌 그이지만 수업 전에 한 번 정도는 반드시 꽃을 꽂아보고 시작한다. 그래야 자신감을 가지고 학생들에게 보다 알찬 내용의 강의를 들려줄 수 있기 때문이다.

수업은 대개 3~4시간 정도가 소요된다. 이 시간 동안 이론과 실기를 모두 진행하는데 대개 이론보다 실기시간이 더 많은 편이다. 끝날 때까지 거의 쉬는 시간 없이 그대로 진행하는 경우가 대부분이다. 하지만 '너무 긴 거 아니야?' 라는 걱정은 하지 않아도 될 듯싶다. 그에 의하면 가르치는 사람도, 배우는 사람도 좋아하는 꽃을 가지고 수업을 하기 때문에 오히려 시간 가는 것을 아쉬워한단다.

강의는 보통 하루에 두 번 정도 한다. 직장인을 위한 수업이 오후에 마련돼 있기 때문이다. 오후 수업이 시작되기까지 그는 휴식을 취하면서 저녁식사를 한다. 휴식시간 동안 학생들과 얘기를 나누면서 플로리스트에 대한 정보를 들려주거나 여러 가지 조언을 해주는 것도 그가 일상적으로 하는 하루 일과 중 하나이다.

● 플라워 코디네이터

플라워 코디네이터들은 매우 다양한 분야의 꽃 장식을 담당하기 때문에 일에 따라 일상이 달라진다. 그 중 웨딩 꽃 장식을 예로 들어보겠다. '가드너스 와이프'의 엄지영 대표는 일에 대한 의뢰가 들어오면 2~3일 전부터 분주해지기 시작한다. 신부 부케와 테이블 위에 놓일 꽃 등에 관한 컨셉트를 정해야 하기 때문이다. 따라서 작업할 장소에 미리 가서 사진을 찍거나 그림을 그리는 등 사전작업을 미리 해둔다. 전체적인 분위기는 어떤지, 공간 구조는 어떻게 되어 있는지 등을 꼼꼼히 살펴보는 것이다. 그런 다음 비로소 작업할 꽃과 부재료 종류를 최종적으로 결정한다.

이렇게 정해진 꽃은 보통 예식이 시작되는 날 새벽 1~2시쯤 꽃 시장에 들러 구입한다. 매우 이른 시간이지만 이때 가야 싱싱하고 예쁜 꽃들을 마음껏 고를 수 있다. 새벽 1~2시를 넘기면 웨딩에 쓰일 꽃은 찾아보기 힘들다고 할 정도로 그녀를 비롯한 플라워 코디네이터들이 애용하는 시간대다. 하지만 레스토랑이나 상가와 같이 비

by 왕경희

교적 적은 규모의 디스플레이를 하게 될 때는 새벽 4시쯤 들러 구입해도 무리가 없다.

약 두 시간 정도 꽃을 구입하고 나서 집에 도착하는 시간은 새벽 4시쯤이다. 바쁜 하루를 위해 잠시 눈을 붙인 뒤에 아침식사를 한다. 일이 바쁠 때는 이처럼 끼니를 챙기는 일도 여유롭지만은 않다.

웨딩 컨셉트에 맞게 작업할 수 있도록 꽃을 다듬어 놓은 후 '물 오름 조절'을 하면 본격적인 작업이 시작된다. 작업은 보통 새벽 6~7시쯤 시작해서 예식이 시작되기 2시간 전쯤에 끝낸다. 세팅을 하는 동안에는 화장실조차 마음 놓고 갈 수 없을 정도로 바쁘다. 모든 것이 짧은 시간 안에 이루어져야 하므로 사전에 철저히 계획되어야 하고, 빈틈없는 계획안을 바탕으로 작품이 완성된다. 그렇게 전쟁같은 시간이 지나면 자신이 정성스레 준비한 부케와 꽃 장식을 사람들과 함께 감상한다. 그리고 예식이 끝난 후 약 2시간여에 걸쳐 꽃 장식을 철수한 후에야 비로소 하루 일과가 끝이 난다.

그녀의 업무 시간은 대중하기가 어렵다. 백화점에서 디스플레이 작업을 할 때는 백화점이 문을 닫는 시간부터 시작해서 4~5시간, 혹은 다음날 새벽까지 작업을 마쳐야 한다. 방송국에서 작업이 이루어질 때는 녹화 준비부터 시작해 대기하는 시간까지 꼬박 하루가 다 소요될 수도 있다. 하지만 플라워 디자이너나 스쿨 강사에 비해 작업이 역동적이어서 일을 마친 뒤에 오는 카타르시스는 상대적으로 더 큰 편이라고 한다.

by 왕경희

결혼식 신부를 위한 화룡점정 부케 이야기*

신부 손에 들려 있어 더욱 아름다운 부케. 부케는 풍성한 향기로 소중한 공간을 가득 채워주는 웨딩 플라워 데커레이션의 화룡점정이다. 부케는 프랑스어로 '다발' 혹은 '묶음'이라는 뜻으로, 요즘처럼 다양한 꽃 소재를 이용한 감각적인 부케와 달리 처음에는 풍요로움과 다산을 상징하는 곡물다발을 주로 사용하였다. 그러다가 중세로 들어서면서 그 소재가 곡물에서 꽃으로 바뀌게 되는데, 이는 들에서 나는 향기가 나쁜 귀신이나 질병으로부터 아리따운 신부를 보호한다고 믿는 데서 유래되었다. 때문에 당시 결혼을 앞둔 신랑은 직접 들에서 꺾어 만든 꽃다발을 신부에게 주었다. 지금의 부토니어(boutonniere)는 이 꽃다발을 받은 신부가 신랑에게 사랑과 답례의 표시로 그 중 한 송이를 빼내 건넨 것에서 비롯된 것이다.

이처럼 처음 결혼식에서 신부가 웨딩부케를 들었을 때는 아름다움보다는 기능적인 역할이 더 강했다. 일례로 그리스의 신부들은 깨어지지 않는 사랑을 약속한다는 의미에서 아이비를 손에 들었으며, 로마의 신부들은 순종의 의미로 풀을 들었다는 기록이 있다. 그러나 오늘날에는 웨딩부케가 특별한 것을 의미한다기보다 신부의 아름다움을 마지막으로 완성시켜주는 웨딩 소품으로서의 역할을 하고 있다.

예전엔 부케를 만들 때 신부의 순결을 뜻한다는 의미에서 주로 흰 색상을 써왔다. 그러나 요즘엔 드레스 스타일과 신부의 체형, 취향, 결혼식장의 분위기에 따라 여러 가지 색상과 스타일의 부케를 쓰고 있다. 예를 들어 키가 작고 마른 체형의 신부에게는 둥근 라운드형의 부케가 잘 어울리는데, 큰 부케가 몸을 더 왜소하게 만들기 때문이다. 장미, 작약, 히아신스, 라넌큘러스 등을 이용해 여성스러움을 한껏 돋워주면 제격이다. 이와 달리 키가 크고 통통한 신부는 아래로 흘러내리는 스타일의 부케가 잘 어울린다. 백합, 장미, 소국, 아이비 잎, 호엽난 등으로 자연미를 살린 부케를 상상해보자. 또 A라인과 같이 볼륨이 있지만 슬림한 드레스에는 크기가 작고 심플한 부케가 적당하고, 프린세스 라인과 같이 풍성하고 볼륨이 있는 드레스에는 크고 화려한 부케가 잘 어울린다.

손재주와 열정이 남다른 한국의 플로리스트

여성잡지나 인터넷 매체 등을 보면 플로리스트나 플라워 디자인을 주제로 한 기사들을 어렵지 않게 접할 수 있다. '손님맞이 플라워 데커레이션'이나 '6인의 플로리스트가 제안하는 크리스마스 데코', '플로리스트 OOO 인터뷰' 등처럼 말이다. 무심코 접하는 이런 기사들을 가만히 살펴보면 우리는 다음과 같은 한 가지 사실을 알 수 있게 된다. 바로 꽃이 우리 생활 속에 어느새 성큼 다가와 있다는 것을.

꽃을 감상의 대상으로만 보지 않고 일상의 한 부분으로 받아들이는 문화가 도입된 데에는 역시 플로리스트들의 공이 크다. 이들은 꽃을 사치품이 아닌 생활필수품으로 변모시키는 데 견인차 역할을 해냈다. 꽃이 생활필수품으로 바뀌면서 우리 사회의 모습이나 화훼 업계의 풍경도 적잖이 달라졌다.

플로리스트들이 일군 가시적인 성과에는 여러 가지가 있지만 그 중 우리가 가장 쉽게 피부로 느낄 수 있는 것이 브랜드 꽃집의 등장이다. 주로 유학파 플로리스트들이 자신들의 풍부한 외국 경험을 살려 꽃의 전문화, 명품화, 패션화 바람을 불러일으키고 있는 것이 브랜드 꽃집의 특징이다. 비록 서울 강남 일대에 한정되어 있긴 하지만, 플로리스트란 이름을 대중화시키며 우리가 꽃을 더 아름답고 친근하게 바라볼 수 있도록 하는 데 브랜드 꽃집이 큰 몫을 하고 있는 것은 부인할 수 없는 사실이다. 특히 각종 매체를 통해 계절별, 시즌별, 이벤트별로 감각 있고 세련된 꽃을 수시로 선보이면서 우리의 감성을 설레게 하고 있다.

서로 뜻이 맞는 플로리스트들은 함께 모여 플라워 그룹을 만들기도 한다. 그 대표적인 것이 페탈 구루(petal guru)다. 이들은 정기적으로 모임을 갖거나 크고 작은 파티나 전시회, 행사를 통해 앞선 감각의 아름답고 세련된 플라워 데커레이션을 선보이고 있다. 잡지와 영화, CF 촬영에 필요한 꽃 장식과 안팎으로 열고 있는 다양한 강좌도 이들에 의해 한층 발전된 모습을 보이고 있다.

물론 플라워 디자인이 플라워 그룹에 의해서만 선도되는 것은 아니다. 실력 있고 열정이 넘치는 다른 많은 플로리스트들 역시 자신만의 플라워 숍이나 각종 행사, 파티, 전시회, 작품전 등을 통해 개성 넘치는 플라워 디자인을 창조해내고 있다.

얼마 전에는 한 플로리스트가 유명 유리 공예작가와 함께 꽃이 있는 전시회를 마련해 사람들로 하여금 꽃을 새로운 시각에서 바라볼 수 있게 해 주었다. 그런가 하면 유명 연주인과 함께 꽃이 있는 음악회를 연 플로리스트도 있다. 이들은 대학에서 진보적인 플라워 디자인 강의를 하거나 파티 플래너로 그 영역을 넓히는 등 보다 다양한 분야에서 즐거운 도전을 계속하고 있다.

by 박유천

플로리스트들의 활약은 여기에서 그치지 않는다. 최근에는 한국의 플로리스트들이 세계적인 자격증이나 회원증, 또는 플라워 경기대회에서 좋은 성적을 거두고 있다는 소식을 심심찮게 접할 수 있다.

1979년 한국 최초로 세계가 인정하는 독일 플로리스트 마이스터 자격증을 취득한 방식 씨를 비롯해 문현선 씨는 몇 해 전 동양 여성으로서는 드물게 100년 전통의 독일 꽃 전문학교에서 마이스터 칭호를 받아 화제가 되었다. 또 실력파 플로리스트 박유천 씨는 2002년 세계적인 꽃 경기대회인 인터플로랄 컵 대회에서 한국 최초로 2위를 수상하는 쾌거를 올리기도 했다. 모두 우리의 꽃 문화를 한층 발전시키는 데 일조하고 있는 한국의 자랑스러운 플로리스트들이다.

그런데 한 가지 재미있는 사실은 이들 모두가 한국인이라서 이 같은 성과를 올릴 수 있었다고 한다는 것이다. 우리만의 뛰어난 손재주 덕분에 외국 플로리스트와의 실력차이를 빠르게 좁힐 수 있었다고 말한다. 여기에 꽃에 대한 사랑과 열정, 그리고 보람을 더해 이들은 꽃이 있는 생활을 리드하고 있다. 이러한 한국 플로리스트들의 노력이 있기에 많은 사람들이 꽃이 주는 기쁨의 코드를 보다 더 가까이 누리게 되었음은 말할 것도 없다.

우리나라 대표 플라워 그룹 '페탈 구루(petal guru)'

우리나라의 꽃 문화를 한층 발전시키기 위해 새로운 감각을 지닌 사람들이 모여 만든 플라워 그룹이 바로 페탈 구루다. 서로의 개성을 존중하면서도 혼자서는 하기 힘든 작업을 힘을 합쳐 함께 하자는 취지에서 이 모임을 결성하였다. 소호 앤 노호의 이혜경과 알레의 우현미, 헬레나 플라워 앤 가든 유승재, 라페트의 황보현, 제인 케이 스타일의 곽영미. 이렇게 장안의 내로라하는 5명의 플로리스트와 아트디렉터이자 패션 디자이너인 정구호가 합류해 이 그룹을 이끌고 있다.

인터뷰 2 _ His Story

인터플로라월드컵을 거쳐 장인(匠人)이 된 그
박유천 花藝디자인院
박유천 대표

뛰어난 기술과 소명의식으로 한 분야에 정통한 사람. 이를 두고 우리는 보통 장인이라고 부른다. 그렇다면 플로리스트에게도 장인이 있을까? 꽃을 다루는 뛰어난 솜씨로 하나의 작품을 위해 오롯이 마음과 정성을 모으는 그런 사람 말이다. 아마도 플로리스트 박유천 씨라면 기꺼이 그런 칭호를 붙일 수 있으리라. 그는 꽃을 하나의 식물이 아닌 진정한 '예술'로 승화시킨 장본인이기 때문이다. 거두절미하고 그의 작품들을 보면 이를 단박에 확인할 수 있다. 형형색색의 꽃들이 나무, 철제, 아크릴 등의 소재와 어우러져 독특한 조형미를 뽐낸다. 하나하나에서 꽃을 좀 더 순수한 예술작품으로 표현하고자 하는 그의 철학을 엿볼 수가 있다.

interview

》 실력을 키우기 위해 경기대회에 도전하다

  기술을 가진 사람이라면 자신이 어떤 실력의 소유자인지를 알릴 수 있는 프로필을 갖는 게 중요하다. 어디에서 경력을 쌓았는지, 어떤 자격증을 가지고 있는지와 같은…. 이런 면에서 볼 때 경기대회는 실력을 객관적으로 증명할 수 있는 좋은 기회라 할 수 있다. 우리나라의 손꼽히는 플로리스트 박유천 씨는 이런 이유 때문에 1990년부터 2002년까지 계속해서 경기대회에 출전해 왔다. 횟수를 따져보니 무려 십수회이다. 그는 경기대회야 말로 자기발전의 훌륭한 계기가 된다고 믿는다.
  "세계를 주도하는 플라워 디자인은 특히 국제 경연대회 문화와 직접적인 연관이 있어요. 이 대회를 통해 플로리스트들은 자신의 실력을 향상시키고, 명예를 얻기도 하지요. 뿐만 아니라 경기대회는 업계의 트렌디한 문화를 세계에 널리 보급시키는 장이기도 해요."
  박유천 씨는 경기대회에 나간다는 게 몸만 가는 게 아니라 작품과 아이디어가 함께 가야 하는 일이기 때문에 많은 창작의 고통이 따른다고 말한다. 그럼에도 불구하고 해볼 만한 가치가 있는 것은 앞서 말한 대로 경험과 실력, 국제적인 감각, 그리고 명예 등을 얻을 수 있기 때문이다. 이와 같은 마인드로 도전한 경기대회는 그에게 달디 단 결실을 안겨줬다. 꽃을 주제로 열리는 각종 박람회와 대회에서 수많은 상을 거머쥘 수 있었던 것이다.
  그 가운데 2002년 네덜란드에서 열렸던 '인터플로라 월드컵'은 그에게 일생일대의 가장 의미 있고도 힘들었던 대회였다. 축구로 치자면 월드컵이나 다름없는 대회인데 그는 국내 디자이너들과 경합을 벌인 끝에 우리나라 대표로 처녀출전하게 되었다.
  이 대회에서 그는 한국적인 색채가 담겨있으면서도 세계가 공유할 수 있는 그런 작품을 표현하고 싶었다. 이를 위해서는 무엇보다 '동양의 대표적인 플라워 디자인은 일본의

'이케바나 스타일'이라고 알고 있는 유럽 사람들의 고정관념을 깨야했다.

가장 한국적인 느낌을 찾아내는 것이 관건이었다. 그는 아이디어와 재료를 구하고자 6개월 동안 박물관과 고궁, 사찰 등을 돌아다니며 고민하고 또 고민했다. 그리고 나머지 6개월은 이것을 구체화시키는 데 정성을 다했다. 대회 하나를 위해 총 1년이 소요된 것이다. 그 기간 동안 겪었던 정신적, 육체적 고통을 말로 표현하기 힘들 정도이다. 실제로 그는 대회를 위해 네덜란드에 도착하자마자 탈진해서 응급실에 실려 가기까지 했다. 그

interview

의 긴장감과 중압감이 얼마나 컸는지를 단적으로 보여주는 예가 아닐 수 없다.
하지만 지성이면 감천이라고 했던가. 결국 그는 자신만의 독특한 작품으로 당당히 2위에 입상하는 '큰일'을 해냈다. 쟁쟁한 실력을 갖춘 세계적인 플로리스트들을 제치고 말이다. 한국적인 아름다움에 세계와 공유하는 테크닉을 가미한 결과였다.

》 디자인에도 철학을 담아야...

지금 왕성하게 활동하고 있는 국내 최고 플로리스트들과 함께 이 땅에 유러피안 스타일 플라워 디자인이 정착되도록 견인차 역할을 한 그이지만, 그의 작품에는 한국적인 정서가 흐른다. 그리고 그의 철학이 담겨 있다.

"요즘 인기 있는 플라워 숍들을 보면 대부분 모던한 유러피언 스타일들을 많이 추구해요. 그것이 세계적으로 공유되는 스타일이기도 하고요. 저도 예전엔 그런 스타일을 좋아했어요. 하지만 견문을 넓히기 위해 외국에 나가다보니 한국적인 것이 더욱 독특한 매력을 풍긴다는 것을 느꼈습니다. 그래서 저는 외국의 모던한 디자인과 함께 한국적인 질감이 색채, 그리고 형태를 담아내고자 노력합니다. 저의 작품에서 모던함과 오리엔탈리즘, 그리고 한국적인 느낌이 함께 느껴졌으면 해요."

실제로 '인터플로라 월드컵'에서 준우승을 거머쥐게 만든 작품도 우리의 '춘향전'을 주제로 한 것이었다. 우리 문학 속에 담겨진 민족의 애환과 사랑, 삶의 색깔을 절제된 플라워 디자인으로 재해석한 작품이다. 바로 이러한 차별성이 외국 심사위원들의 시선을 사로잡았고, '작품이 정교하면서도 칼라가 아름다워 매우 인상적이다', '섬세하지만 파워풀하다. 그러면서도 한국적인 아름다움이 절묘하게 잘 표현되었다'라는 언론매체의 찬사를 얻어 냈다.

지금도 그는 플라워 디자인에 대한 모티브를 우리나라의 고미술에서 찾고자 노력한다.

우리 예술의 절제미, 단아한 고풍스러움, 고려청자의 옥빛…. 이러한 아름다움을 자신만의 스타일로 버무려 작품에 반영한다는 것이 그가 꽃을 디자인하는 방식이다. 그래서 사람들은 그의 꽃을 보면 '저것은 박유천의 작품이다'라고 금방 알아본다. 앞으로도 자신만의 스타일이 돋보이는 작품을 만들고 싶다는 박유천 씨. 철학이 담긴 디자인으로 최고의 작품을 창조해내는 그를 우리는 진정한 장인이라 부른다.

by 박유천

플로리스트는 확실히 전망과 매력을 두루 갖춘 직업이다. 게다가 외양만으로 보면 굉장히 세련된 고급 직업이라는 생각을 흔히 갖게 된다. 하지만 화려하게 비춰지는 직업일수록 성공하기까지 걸어야 할 길은 결코 평탄하지 않은 법이다. 환상을 가지고 덤비기보다 현실을 제대로 바라보고 도전해야만 비로소 꽃의 마법사 플로리스트로 당당히 자리매김할 수 있다. 백조의 발을 볼 수 있어야 한다.

각종 매체에 소개되는 플로리스트 기사를 보면 무척 근사해 보인다. 그러나 우아한 백조의 모습 이면에는 물 밑에서 쉴 새 없이 움직이는 백조의 발이 있다는 사실을 알아야 한다.

플로리스트, 아는 만큼 보인다!

백조의 발을 볼 수 있어야 한다

각종 매체에 소개되는 플로리스트 기사를 보면 무척 근사해 보인다. 특히 직접 디자인한 꽃 옆에서 여유롭게 미소 짓고 있는 그들의 모습은 심지어 위풍당당하기까지 하다. 그러나 이처럼 우아한 백조의 모습 이면에는 물 밑에서 쉴 새 없이 움직이는 백조의 발이 있다는 사실을 알아야 한다.

일례로 한 플로리스트의 경우를 살펴보자. 플라워 숍 '캐디플라워 앤 가든(Cadi Flower & Garden)'을 운영한 김진홍 씨는 꽃 도매시장에서 실습생으로 시작해 지금은 당당한 스페셜리스트로 거듭

난 인물이다. 실습생 시절을 거쳐 단순히 경제적인 목적으로 꽃 사업을 하게 된 그는 각종 전시회나 데몬스트레이션에 꽃을 납품하게 되었고 이를 계기로 본격적으로 플라워 디자인의 세계를 경험하게 되었다고 한다.

당시 이 분야에선 남성 플로리스트가 절대적으로 부족한 상황이었기 때문에 많은 체력을 필요로 하는 꽃 장식 일을 도울 수밖에 없었다고. 그러다보니 본의 아니게 국내의 유명 플로리스트들의 어시스트를 하게 되었단다. 새벽부터 꽃 작업하랴, 납품하랴, 어시스트하랴… 그때의 노력과 수고를 어찌 말로 다 표현할 수 있겠는가. 장애물이 곳곳에 도사리고 있었고, 피치 못할 우여곡절도 참 많았다. 그러는 사이 어느새 플라워 디자인에 이력이 붙게 되었고, 국내에서 유러피언 스타일이 발전하는 현장을 가까이서 지켜볼 수 있었다.

그러던 어느 날, 그는 노르웨이의 대표 플로리스트이자 미국 시카고에 200여 명의 직원을 두고 있는 토우 군다센(Tor Gundersen)과 대화를 나눌 기회를 갖게 되었다. 그리고 이 대화를 통해 미래에 대한 확실한 청사진을 그리게 된다. 세계 여러 나라를 돌아다니며 플라워 디자이너이자 아티스트로 활동하는 그의 모습을 보며 인생을 '올인' 할 가치를 느낀 것이다.

그는 자신이 세계 어느 플로리스트와 견주어 보아도 손재주며,

뚝심, 투지, 스피드, 경력, 관찰력 면에서 결코 뒤지지 않는다고 여겼다. 그리고 무엇보다 결코 녹록치 않은 그간의 고생스러웠던 실무 경험이 가장 큰 재산이었다.

그 후 오랜 기간 어깨 너머로 배운 실력을 발휘해 크고 작은 웨딩 작업이나 대기업 추모식, 단상 장식 등의 일을 도맡아 했다. 또 선배 플로리스트나 관련업계 사람들에게 평가를 받아야겠다는 생각에 각종 경기대회에 참가해 수많은 상을 받기도 했다. 지금 그는 삼성동과 여의도에 각각 숍을 하나씩 가지고 있고 과천 연구실에서도 작업을 한다. 주요 클라이언트는 국내외 유명 호텔과 기업, 백화점, 병원 등이다. 특히 삼성동의 플라워 숍에서는 세계적인 플로리스트들과 함께 정기적으로 데몬스트레이션 및 플라워 쇼를 펼치고 있어 많은 이들에게 큰 호응을 얻고 있다. 이 모든 것이 최고의 플로리스트가 되고 싶다는 굳은 의지가 없었으면 불가능한 일이었다. 그러나 이것이 비단 그만의 일이겠는가. 정도의 차이가 있지만 성공한 플로리스트라면 누구나 이런 비하인드 스토리를 가지고 있다.

플로리스트가 되는 과정에서 자질구레한 심부름을 도맡아 하고 체력의 한계를 극복해야 하는 일은 아주 흔한 일이다. 또 꽃을 제대로 디자인할 수 있을 때까지 연습에 연습을 거듭해야 함은 물론이다. 게다가 원만한 인간관계 또한 빼놓을 수 없는 부분이다. 클라이언트

　와 일반 고객을 비롯해 직원, 상사와의 관계에서 자신을 잘 컨트롤하기란 결코 쉬운 일이 아니다. 이 모든 게 꽃을 아름답게 디자인할 수 있는 실력과 함께 갖추고 또 견뎌야 할 '백조의 발' 인 것이다.

　따라서 만일 겉으로 보이는 화려함에 이끌려 시작하려 한다면 다시금 생각해보는 것이 좋다. 플로리스트와 같이 오로지 실력으로 승부하는 세계에서는 노력 없이 주어지는 영광스런 결과란 있을 수 없기 때문이다. 예비 플로리스트로서 진정 좋아서 시작할 수 있는지를 다시 한 번 돌아봐야 한다. 지금 우리가 감탄해 마지않는 플로리스트들은 미련하리만치 꾸준한 노력과 고통, 인내를 차근차근 밟아나간 사람들 임을 간과하지 말아야 한다.

대학을 갈 것인가? 학원을 갈 것인가?

이러한 고민은 어린 나이에 플로리스트에 뜻을 둔 사람이라면 누구나 한 번쯤 해봤을 것이다. 학원을 가자니 아무래도 학벌이 걸리고 대학을 가자니 감각이나 기술적인 면에서 무언가 부족하지 않을까 걱정이 되기 때문이다.

그렇다면 도대체 어디에서 플로리스트 과정을 배워야 좋을까? 이를 위해선 먼저 자신이 무엇을 목표로, 또 어떤 마인드를 가지고 공부할 것인지를 정해야 한다. 사실상 플로리스트는 전문 직업이기 때문에 누차 강조하지만 중요한 것은 실력이고 실무 경험이다. 따라서 어떤 교육기관을 택하든지 간에 실력을 쌓기 위한 과정으로 생각해야 한다.

흔히 '성공하기 위해 대학을 간다' 는 것은 그야말로 편견에 불과하단 얘기다. 그보다는 각각 나름대로의 장단점이 있다는 사실을 알고 판단하는 것이 좋다. 예를 들어 만일 대학에서 원예학을 공부한다면 식물에 대한 학문적인 지식을 풍부히 할 수 있어 좋다. 또한 호텔이나 방송국에서 일하고자 한다면 대학 졸업장이 요구되는 경우가 많다. 한편 자신의 목표가 강의를 하는 것이라면 두말할 필요 없이 대학은 기본적으로 나와야 한다.

반면 직업교육으로서 플로리스트 과정을 전문적으로 배우기에는 학원이 대학보다 좀 더 유리하다. 꽃을 포함한 여러 자재, 교육시간 등에서 좀 더 풍부한 여건을 갖추고 있기 때문이다. 가령 플라워 디자인을 배우기 위한 실습비의 경우 대학은 학교마다 책정되는 비율이 다르다. 따라서 학교에 따라 그 비율이 적은 경우에는 아무래도 재료나 자재를 다양하게 쓰지 못하는 일이 생기게 된다. 이와 달리 학원은 재료비를 따로 걷기 때문에 다양하게 실습에 활용할 수가 있다. 뿐만 아니라 실무 위주의 교육을 집중적으로 배울 수 있다는 장점도 있다. 따라서 웨딩이나 꽃을 이용한 공간디자인과 같이 실제 직업으로 연결시키기에는 전문학원이 더 적합하다. 화훼 관련학과를 졸업한 많은 학생들이 또 다시 전문학원에 다니는 것은 바로 이 때문이다.

한편 이와는 달리 좀 더 장기적인 안목에서 관련학과가 아닌 다른 학과를 선택하는 경우도 있다. 유학을 준비하기 위해 어학을 전공하거나 디자인과 색채 감각을 기르기 위해 미술 관련학과에 들어가는 것이 그 예이다.

이렇듯 자신이 어떤 분야에서 얼마만큼의 능력과 지식을 가지고 일할 것인지, 또 교육 기간이나 비용은 어떤지 여러 가지 조건을 꼼꼼히 따져 보고 판단하는 것이 가장 현명하다.

탁월한 학원 선택에 대하여

요즘엔 플로리스트 과정을 배울 수 있는 학원들이 매우 많아졌다. 실력 있는 스승 밑에서 도제식으로 배워왔던 예전을 생각한다면 상황이 많이 달라졌음을 알 수 있다. 이는 무엇보다 꽃꽂이가 취미 생활이나 예술 활동이라는 인식에서 벗어나 하나의 전문직으로 자리잡았기 때문이라고 볼 수 있다. 때문에 교육 과정이 실기는 물론이고 이론적인 면에서 훨씬 체계화되고 전문화되고 있다. 뿐만 아니라 학원의 강사진들도 다양한 경로를 통해 외국의 꽃 문화를 경험한 사람들이나 그들 밑에서 실력을 쌓은 쟁쟁한 실력파들로 이루어져 있다.

몇 해 전부터 플로리스트 학원은 수적인 면에서도 급속히 늘어났지만, 프로그램이나 추구하는 꽃 스타일도 눈에 띄게 다양해졌다. 유러피언 스타일, 독일식 스타일, 일본식 스타일과 같이 스타일적인 면에서 차이가 나는 한편, 기능대회, 자격증, 창업, 유학 중 어느 것에 더 주력하는지에 따라서도 다르다. 요즘엔 좀 더 멀티플레이어적인 플로리스트를 양성한다는 목적으로 파티 앤 플라워 과정을 함께 배울 수 있는 곳도 늘고 있다.

예비 지망생들의 고민이 본격적으로 시작되는 것은 바로 이 부분이다. '무수히 많은 다양한 성격의 학원들 중 과연 어느 곳을 택할

서울 플로리스트 아카데미 오소형 원장

것인가'라는 고민 말이다. 자신의 미래를 걸고 도전하는 것인 만큼 교육기관을 선택하는 일은 신중해지지 않을 수 없다. 게다가 배우는 기간이나 비용 또한 결코 만만치 않은 것을 생각하면 이는 두말할 나위 없다.

플로리스트의 길을 앞서 간 선배들에 따르면 우선 자신이 무엇을 목표로 공부하고 싶은지, 그리고 배우고 싶은 꽃 스타일은 어떤 건지를 먼저 생각해야 한다.

예를 들어 '창업을 할 생각인데, 꽃은 유러피언 스타일을 배우고 싶다'고 정했다면 여기에 걸맞는 학원 리스트를 선별해 결정하는 것이다. (꽃 스타일은 평소 다양한 작품 사진이나 이미지를 접하다 보면 자신이 끌리는 게 무엇인지를 발견하게 될 것이다) 이를 위해서는 먼저 인터넷이나 각종 매체를 통해 정보를 수집하는 것이 가장 좋다. 각 학원의 홈페이지에 들어가 커리큘럼과 특성을 파악하거나 플로리스트 관련 카페, 혹은 싸이월드 등에서 정보를 얻는 것이다. 특히 인터넷 카페에서는 각 학원에서 현재 공부하고 있는 학원생들의 솔직한 의견을 볼 수 있어 요긴하다.

이렇게 해서 정보를 수집하다 보면 어떤 학원을 선택할지 소위 '감'을 잡는 데 도움이 된다. 대개 두세 군데 정도로 좁혀지게 마련인데, 그 다음엔 물론 직접 찾아가 일대일 상담을 해야 한다. 이를 통해 커리큘럼은 어떻게 구성되어 있는지, 기간과 비용은 어떤지 등에 대해 자세히 설명을 듣고, 동시에 강사의 자질이나 분위기 등을 함께 살핀 후 최종적으로 결정을 내리는 것이 가장 바람직하다.

또 다른 방법은 자신이 좋아하는 플로리스트가 있는 곳에서 배우는 것이다. 평소 마음에 담아왔던 플로리스트 디자인은 아무래도 당사자에게 배워야 제 맛인 법. 그의 기술과 감각, 꽃에 대한 애정을 그가 몸담고 있는 학원이나 개인 숍에서 전수받는 것이 가장 좋은 방법일 것이다.

유학, 가는 게 좋을까?

각종 매체에 소개되는 소위 잘 나가는 플로리스트들을 보면 유학을 다녀온 해외파들이 많다. 이들은 외국에서의 다양한 경험을 토대로 새로운 플라워 디자인을 선보이며 우리의 눈을 즐겁게 하고 있다. 하지만 플로리스트가 되고자 하는 사람들에게는 이러한 사실이 결코 편하게만 다가오지는 않는다. '성공하기 위해서는 유학을 다녀와야 하지 않을까?' 라는 고민을 하도록 만들기 때문이다.

분명 유학은 플로리스트로 성공하는 데 많은 면에서 도움이 되는 게 사실이다. 직접 외국에 나가 공부하고 그들의 꽃 문화를 생활 속에서 익히는 건 유학이 아니면 경험할 수 없기 때문이다. 특히 자신이 일하고자 하는 곳이 호텔과 같이 외국인들을 상대로 하는 곳이라면 더더욱 그럴 수 있다. 그러나 단지 화려한 경력을 위해, 그리고 성공이 보장될 거라는 기대만을 가지고 유학을 결심하는 것은 결코 바람직하지 않다. 현장에서 중요한 것은 '실력' 이지 '이력서' 가 아니라는 것이 가장 큰 이유이다. 하지만 이와 함께 또 하나 알아둬야 할 것은, 지금 가는 유학은 예전 선배들 때와 비교했을 때 분위기나 여러 가지 상황 면에서 많이 달라졌다는 점이다. 왜 그런지 그 이유를 한번 살펴보자.

불과 몇 년 전까지만 해도 우리나라의 플로리스트 교육과정은 체계화되지 못했었다. 스승에게 도제식으로 전수받는 것이 플라워 디자인을 배우기 위한 대부분의 방법이었던 것이다. 그러다가 지금 유행하는 서양 스타일의 플라워 디자인이 들어오면서 이를 공부하기 위해 일부 선배들이 유학을 떠나게 되었다. 그때까지만 해도 플라워 디자인에 관한 이론과 실기는 독일, 영국, 프랑스, 미국, 일본 등과 같은 선진 외국이 우리보다 좀 더 정립되고 체계화되었던 게 사실이었던 탓이다.

하지만 지금은 상황이 많이 달라졌다. 당시의 유학 세대들은 물론이고 경기 대회, 데몬스트레이션, 전시회 등 국내외에서 다양한 경험을 쌓은 플로리스트들의 땀과 노력으로 인해 우리나라 플라워 디자인의 수준은 상당히 높아졌다. 특히 기술적인 부분과 감각에 있어서는 이제 세계 어느 곳에 내놓아도 뒤지지 않는다. 이와 관련해 한때 오아시스 플로리스트 스쿨 강사였고 현재 마죠람 플라워의 대표인 김루비 씨의 경우를 예로 들어보자.

올해로 8년 째 강사생활을 하고 있는 김루비 씨는 한 번도 외국에서 공부한 경험이 없는 소위 국내파 플로리스트다. 그는 영남대학교 원예학과를 다니던 대학 시절부터 동양 꽃꽂이를 배우기 시작했고 카톨릭 대학교에서 석사 과정과 박사 과정을 밟았다. 그리고 학원 강사와 동국대학교 평생교육원의 원예 치료 강사를 거쳐 지금은

by 김루비

자신의 플라워 숍을 운영하고 있다.

    그녀의 말에 따르면 우리나라에는 굳이 유학을 가지 않아도 될 만큼 플라워디자인을 공부할 수 있는 교육 여건이 충분히 갖춰져 있다고 한다. 그녀 또한 꽃과 식물에 대해 궁금할 때마다 교육과 다양한 관련 자료, 전시회 등을 통해 그 해답을 얻었다. 덕분에 여러 가지 경력을 쌓아 학생들 앞에서 자신의 지식과 기술을 가르칠 수 있었다. 그녀에게 중요한 건 '어디에서 배우는가'가 아니었다. 그보다는 배움을 향한 의지와 노력의 과정이었다. 그녀는 이것을 기본 마인드로 삼고 도전한다면 유학을 가든 가지 않든 플로리스트로 성공하는 데 부족함이 없다고 조언한다. 결국 플라워 디자인을 배우겠다는 마음으로 무턱대고 유학을 먼저 선택하는 것은 요즘과 같은 교육 여건에서 그다지 의미가 없다고 할 수 있겠다.

게다가 우리가 해외파라고 알고 있는 플로리스트 중에는 외국에 장기간 머물면서 정식으로 유학 과정을 밟지 않은 사람들이 꽤 많다. 이런 경우는 기술과 이론을 단계적으로 배운다기보다 그 나라의 꽃 문화나 트렌드, 감각, 분위기를 익히기 위해 다녀오려는 목적이 크기 때문이다. 따라서 아주 초보자보다는 2~3년 이상의 경력과 실력을 쌓은 플로리스트들이 대부분이다. 아무런 기본도 제대로 갖춰지지 않은 상태에서 외국의 유명 사설학교 등으로 연수를 받으러 가는 것은 그다지 도움이 되지 않는다. 아는 만큼 보이는 법이라고, 꽃에 대해 어느 정도 알고 가야 보다 많은 것을 배우고 또 내 것으로 만들 수 있게 된다. 이것이야말로 시간적, 경제적인 낭비를 줄이면서 효율적으로 유학을 다녀올 수 있는 길이다. 이는 정식으로 장기 유학을 갈 경우도 마찬가지다.

또 하나 유학을 고려하기 전에 생각해야 할 것은 유학으로 인한 과정 자체가 결코 쉽지 않다는 점이다. 생소한 곳에서 외로움과 싸우며 홀로 공부해야 하는 것은 말할 것도 없고, 언어 또한 뛰어넘어야 할 높은 산이다. 실기 수업은 눈치껏 따라갈 수 있겠지만 이론적인 부분을 놓치면 결국 스스로가 한계를 느낄 수밖에 없다. 따라서 이에 대해 충분히 계획을 세우고 준비해두지 않으면 실패할 확률이 매우 높다.

    결론을 말하자면 유학은 필수 조건이 아니다. 실력과 경력을 쌓기 위한 하나의 선택일 뿐이다. 또한 유학을 선택한다 하더라도 서두를 필요가 없다. 여기에는 단기 연수도 포함된다. 어떤 식의 외국 경험이 나에게 맞을지, 또 어느 나라에서 무엇을 배울지는 우리나라 교육기관에서 플로리스트 과정을 배운 후에 결정해도 결코 늦지 않다.

by 김루비

인터뷰 3 _ Her Story

독일에서 플로리스트 마이스터
자격증을 취득한 그녀
플라워 숍 구테 인 그린
김정미 실장

요즘은 많은 플로리스트들이 유학을 택하고 있다. 여건이 안 된다면 단기 연수라도 다녀와 폭 넓은 경험과 견문을 넓히고자 한다. 사실 배우는 것이라면 우리나라에서도 부족하지는 않다. 이미 국내의 실력파 플로리스트들이 외국 현지에서 갈고 닦은 기량을 교육 현장에서 선보이고 있고, 해외 유명 플로리스트의 데몬스트레이션이나 전시회 등도 활발히 이루어지고 있기 때문이다. 하지만 선진 꽃 문화의 본고장에서 직접 경험하는 느낌은 유학에서만 얻을 수 있는 결실이라 할 수 있다. TV에서 보는 에펠탑과 파리에서 보는 에펠탑의 느낌이 확연히 다른 것처럼.

interview

》 배움의 갈증을 채우기 위해 독일로

그녀의 스승은 플로리스트 박유천 씨다. 공무원 비서실에서 일하고 있던 10년 전, 사무실에 필요한 꽃을 장식하던 그녀가 본격적으로 꽃을 배워야겠다는 생각에 찾아간 선생이 박유천 씨였다. 동양꽃꽂이가 대세였던 그 시절 박유천 씨는 이미 유럽스타일의 플라워 디자인을 접목하고 있었다. 그런 그의 작품이 좋아 망설임 없이 찾아가 배웠고, 지금까지도 그녀의 꽃 스타일이나 숍의 컨셉트에는 그로부터 받은 영향이 적잖이 남아 있다. 하지만 그래도 채워지지 않는 무언가가 있었다. 그래서 떠나야만 했던 유학.

2년여에 걸쳐 유학 준비를 하는 동안 그녀가 무엇보다 신경 썼던 부분은 바로 어학이었다. 그녀는 유학 생활의 성공을 좌우하는 가장 큰 관건이 언어라는 것을 잘 알고 있었기 때문에 생소한 독일어를 공부하기 위해 독일문화원에서 수업을 받는 등 나름대로 공을 많이 들였다. 특히 일찍부터 그녀가 공부하고자 마음먹은 독일 플로리스트 마이스터 과정은 논문을 작성해야 하는 일이 많았기 때문에 독해를 포함해서 꼼꼼히 어학 공부를 해 놓아야만 했다. 준비 없이 가는 유학은 실패할 확률 99.9%라는 것이 당시 그녀의 좌우명이었다.

독일에 도착하자마자 그녀가 한 것은 마이스터 과정이 아니라 어학 코스였다. 독일에서 유학생활을 하려면 반드시 어학 시험에 통과해야만 했다. 생활비도 벌어야 했다. 독일의 플로리스트 마이스터 학교들은 정부에서 지원을 해주기 때문에 학비가 들지 않았지만 3년여 동안 생활해야 하는 생활비는 한국에서 가져온 돈으로는 어림도 없었다. 독일은 외국인이 취업하기에 조건이 무척 까다로웠지만 가정집에서 아이를 돌보거나 플라워 숍에서 아르바이트를 해가며 생활비를 모았다.

어학 시험에 통과한 후에는 쾰른(Koeln)에 있는 Auweiler in Deutscland 국립 마이스터 학교에 입학을 했다. 이 학교는 특히 유학생들이 공부하기에 비교적 조건이 잘 갖춰진 곳이다. 사립학교의 경우 학생들은 재학 3년 동안 현지 플라워 숍에서 실무경력을 쌓아야 하는데, 독일은 유학생의 취업이 법적으로 까다로워 외국인이 학교를 다니면서 경력을 쌓기가 사실상 불가능하다. 이에 비해 국립학교는 유학생에게 현지에서의 실무 경력이 아니어도 본국에서의 실무 경력을 그 자격으로 인정해주어 학교를 다닐 수 있도록 한다. 이런 조건을 활용하여 김씨는 한국에서의 수료증과 플라워 숍에서 3년 이상 일한 경력을 제출했고 마침내 플로리스트 마이스터 학교에 입학할 수 있었다.

》 불굴의 의지로 이겨낸 마이스터 과정

한국에서 유학 준비를 할 때만 해도 그녀는 독일에 가서 공부할 생각에 가슴이 몹시 설레었다. 하지만 설레던 마음은 유학 온 지 3개월 만에 싹 사라져버렸다.

그녀를 괴롭혔던 것은 바로 인간관계. 원래 좀 무뚝뚝하기로 소문난 독일 사람들인데다 동양인에 대해 가지고 있는 편견은 그녀에게 적잖은 상처를 안겨 주었다. 학교에서 공부할 때도 따로 공유할 수 있는 문화가 없었기 때문에 여행을 가거나 함께 어울릴 '꺼리'가 전무하다시피 했다. 그녀가 할 것이라곤 오로지 공부밖에 없었다.

"하루 4시간 이상 자 본적이 없어요. 수업이 월요일부터 금요일에 걸쳐 오전 8시에 시작해서 오후 6~7시에 끝났기 때문에 수업을 따라가느라 정신없었거든요. 특히 화요일은 하루 종일 실기 수업을 하느라 밤을 새운 적도 많았어요. 그때는 지금보다 체중이 10kg정도 적게 나갈 만큼 체력적으로 많이 힘들었으니 말 다했지요 뭐…."

독일의 플로리스트 마이스터 시험은 원예를 비롯해 최종적으로 플라워 숍을 운영하

interview

는 데 필요한 경영, 회계, 비즈니스, 마케팅, 컴퓨터 등의 과목까지 치러야 하는 어려운 과정이다. 그녀가 공부했던 학과에는 미국과 일본에서 온 2명의 유학생이 더 있었는데 이들 모두 시험을 통과하지 못해 학교 수료만 할 수 있었다. 독일 학생들 역시 마찬가지지만 특히 유학생들에게는 매우 힘든 과정이 바로 플로리스트 마이스터인 것이다.

하지만 그녀는 불굴의 의지로 이겨냈다. 드디어 독일 플로리스트 마이스터 과정에 합격한 것이다. 더 명예로운 일은 그녀가 이 학교를 수료한 외국인들 중에서 가장 뛰어난 실력을 소유한 졸업생으로 평가받고 있다는 사실이다. 이를 증명이라도 하듯 이 학교 출신 외국인 플로리스트들은 종종 이 '영광의 얼굴'을 보기 위해 한국에 들를 때 그녀의 숍을 방문한다고 하니 여간 자랑스러운 일이 아닐 수 없다.

지금 그녀는 청담동에서 '구테 인 그린'(Gute in Green)이란 이름의 작은 플라워 숍을 운영하고 있다. 이 안에서 그녀는 독일 유학을 통해 배웠던 기술과 감각, 경영 방법 등을 유감없이 발휘하고 있다. 클라이언트로부터 일을 따 낼 때도 마이스터 자격증은 든든한 프로필이 되어 효자 노릇을 톡톡히 해준다.

by 김정미

때론 너무 많은 지식이 열정을 방해하기도 한다. 그러나 플로리스트가 되는 길은 정말 오랜 시간과 노력, 비용을 수반하는 일이므로 돌다리를 두드리는 심정으로 여러 면에서 자신에게 맞는 일인지 꼼꼼히 체크해 보는 것이 좋다. 한 번 발을 내딛으면 되돌리기가 그만큼 힘든 일 일테니 말이다.

이제 플라워 디자인 하나만으로는 부족한 시대이다.
파티플래닝, 스타일링, 그린 인테리어와 같은 다재다능한 능력이 점점 더 요구되고 있다.

플로리스트는 여성을 위한 직업이다?

 '꽃' 하면 흔히 어떤 이미지가 떠오를까. 아마도 대부분 여성스럽거나 아름답다는 이미지가 떠오를 것이다. 화려한 색깔의 꽃잎과 가녀린 줄기, 그리고 코끝을 자극하는 은은한 향기를 포함해 꽃이 지니는 모습은 확실히 여성적인 이미지와 맞닿아 있다. 이 때문인지 꽃을 디자인하는 플로리스트 역시도 남성보다는 여성을 위한 직업이라는 생각이 일반적이고, 실제로 남성 플로리스트의 비율이 여성 10명 중 2명 정도에 불과한 것도 사실이다.

하지만 정말 그럴까. 물론 꽃 하나만 놓고 본다면 충분히 그럴 수 있다. 하지만 플로리스트라는 직업의 세계를 놓고 볼 때 이런 편향된 이미지는 그다지 통하지 않는다.

　오히려 남성이냐 여성이냐 보다는 얼마나 체력을 갖추고 있느냐가 관건이다. 만일 '꽃 몇 송이 사다가 그냥 보기 좋게 장식하면 될 것 같은데 뭐가 힘들어?' 라고 생각한다면 오산이다. 앞에서도 언급했듯이, 그들이 작업하는 모든 플라워 디자인은 사실 강한 체력과 노동의 산물이다.

　예를 들어 보자. 플로리스트는 보다 싱싱한 꽃을 사기 위해 이른 새벽부터 꽃 시장을 돌아다녀야 한다. 하루의 시작부터가 체력과의 싸움이라 할 수 있다. 또 꽃을 꽂는 시간만큼 꽃잎이나 가지를 정리하는 데도 시간이 걸린다는 사실을 감안해야 한다. 뿐만이 아니다. 웨딩이나 브랜드 런칭쇼와 같이 꽃으로 공간을 장식할 경우에는 그 꽃을 철수하는 작업 또한 만만치 않다. 흡수된 물을 빼내기 위해 플로럴 폼을 짜야 하고, 엄청난 양의 쓰레기를 처리해야 하며, 꽃을 잘라내는 등의 뒤처리를 해야 한다. 이 과정에서 힘이 드는 것은 물론이고, 손이 가시에 긁히거나 칼에 베이기 일쑤이다. 이들의 손이 흔히 생각하는 이미지와 달리 거친 건 이처럼 모든 작업을 일일이 손으로 해야 하기 때문이다.

　또한 한정된 시간 내에 꽃을 디자인하거나 공간을 장식해야 하기 때문에 스피드를 몸에 익히지 않으면 안 된다. 일례로 백화점은 폐점 시간부터 다음 날 새벽까지 일해야 하는 경우가 많다. 때문에 끼니를 대충 때우면서 밤을 꼬박 새우기도 다반사다. 여기에 만일 치러야 할

by 김정미

행사가 며칠 동안 계속되기라도 하면 꽃이 시들지 않도록 매일같이 물을 교체하고 다시 세팅을 해야 한다. 말이 쉽지, 작은 규모의 공간이라도 여간한 체력이 아니면 힘에 부칠 수밖에 없다.

게다가 일하는 동안은 계속 서 있어야 하기 때문에 다리가 붓는 것은 예사다. 이 때문에 플로리스트들은 작업하는 내내 최대한 편안한 복장과 운동화 차림으로 일하곤 한다. 평소 우리가 생각하는 우아한 플로리스트의 모습은 적어도 작업하는 과정에서는 통하지 않는다는 이야기다. 이처럼 플로리스트 생활은 여간한 체력과 인내심이 아니면 견뎌내기가 쉽지 않다.

하지만 평소 자신의 체력이 그다지 강하지 못한 사람이라도 미리 걱정할 필요는 없다. 운동도 꾸준히 하다보면 체력이 증가하는 것처럼 플로리스트 역시 고된 일을 하는 동안 체력이 단련되게 마련이다. 반드시 해내고 말겠다는 강한 의지와 열정만 있다면 새벽에 일어나는 일이든, 많은 시간 꽃을 다듬고 뒤처리를 하는 일이든 그야말로 못할 게 없다. 앞서 길을 걸어간 모든 선배가 그래왔던 것처럼 말이다.

플로리스트가 돈을 잘 번다는 생각에 대하여

최근 들어 플로리스트는 화려한 이미지 뿐 아니라 고수입 직종으로도 각광을 받고 있다. 특히 강남의 브랜드 꽃집들은 차별화된 디자인과 마케팅으로 높은 부가가치를 올리고 있다. 뿐만 아니라 꽤 높은 가격임에도 불구하고 플로리스트가 세팅한 꽃을 필요로 하는 사람들과 공간도 점점 더 늘고 있는 실정이다.

하지만 이런 단면만을 보고 플로리스트가 돈을 잘 벌 것이라고 생각하는 건 바람직하지 않다. 사실 고수입의 주인공은 전체 비율로 봤을 때 그리 많은 편이 아니다. 잘 버는 사람이 있는 반면 오히려 일반 샐러리맨 수준보다 못 미치는 경우도 적지 않은 게 현실이다. 따라서 수입보다는 좋아하는 꽃과 함께 하며 적당한 수익도 얻고, 꽃으로 사람들에게 기쁨을 전하며, 나이에 관계없이 평생을 일할 수 있다는 점 등에 가치를 두고 시작하는 것이 좋다. 그렇다면 플로리스트의 수입은 얼마나 될까? 그전에 먼저 이 직업에서 '배운다'는 의미에 대해 살펴봐야 할 필요가 있다.

학원을 기준으로 봤을 때 조금씩 차이는 있지만 플로리스트 과정을 배우는 데는 보통 1년에서 1년 반, 길게는 2년 정도가 걸린다. 하지만 학원 과정을 마쳤다고 해서 바로 플로리스트가 되는 것은 아니다. 취업하고 나서 얼마 동안은 계속 배움의 연장이다. 즉, 직원의 개념보다는 실습생으로서 학원에서 배운 이론과 실기가 어떻게 활용되는지를 경험하게 된다. 그래야 비로소 플로리스트에 대한 '감'을 잡을 수 있기 때문이다. 보통 이렇게 되기까지 처음부터 시작해 약 2~3년의 기간이 소요된다.

이 때문에 취업하는 곳에 따라 다소 차이는 있지만, 실무경험을 쌓기 위한 초보자일 경우 받게 되는 임금은 비교적 낮은 편이다. 처음 7~8개월 동안은 약 60~70만원이며 1년 이상이 되면 보통 100만 원 정도이다. 그러다가 경력 2년 이상이 될 때면 대략 120~150만원, 3~4년 이상부터는 150~180만원, 5~6년 이상 실장급일 경우엔 연봉 2천~2천 5백만 원 정도를 받게 된다. 이쯤에서 호텔 매니저급으로 있는 사람들의 연봉이 궁금해지지 않을 수 없다. 이들의 연봉은 약 5천~6천만 원 정도이다. 하지만 실장급이나 매니저급 정도가 되면 연봉 외에도 프리랜서로 활동하는 영역이 있기 때문에 이것까지 더한다면 연봉이 억대가 되는 사람도 의외로 많이 있다. 한편 강사는 보통 한 수업에 약 5만 원 정도를 받으며 경력이 많은 사람일 경우에 많게는 약

20~30만원, 혹은 그 이상을 받기도 한다.

그렇다면 플라워 코디네이터는 어떨까? 이들은 그야말로 프리랜서이기 때문에 얼마라고 말할 만큼 보장된 수입이란 게 없다. 때문에 경우에 따라서는 안정적인 생활을 장담하지 못하기도 한다. 물론 플라워 코디네이터로 확실하게 자리를 굳히고 활발하게 활동하는 사람들도 있다. 하지만 그런 결실이란 결코 쉽게 얻어지는 것이 아니다. 말할 나위 없이 고단한 노력과 인내를 동반한다. 그 ABC를 짚어보자면, 우선 자신이 플라워 코디네이터로 일한다는 사실을 최대한 알리는 일부터 시작하는 것이 기본이다. 이와 함께 인간 관계를 적극적으로 이용하고, 거래처를 관리하는 등의 영업 능력을 키워야 한다. 물론 독창적이고 뛰어난 자신만의 스타일과 능력을 갖춰야 하는 건 두말할 나위도 없다. 어디까지나 실력으로 승부하는 세계이기 때문에 일이 주어져도 평판이 나쁘면 다음 일은 없다는 것도 각오해야 한다. 더불어 자리를 굳히기까지 영업을 위한 활동비와 유행하는 전문 지식을 얻는 데 필요한 정보 수집비가 상당히 든다는 사실도 함께 고려해야 할 것이다.

　마지막으로 플라워 숍을 운영할 경우 역시 플라워 코디네이터와 다르지 않다. 단골 고객을 확보하고 돈을 벌기까지는 많은 노력이 필요하다. 플라워 숍에서 판매되는 상품은 금액이 적고 또 필수품이 아닌 기호품이기 때문에 매출이 일정하지가 않다. 뿐만 아니라 계절이나 경기에도 민감하다. 더구나 요즘은 플라워 숍이 많아지면서 경쟁도 치열해지고 있어 나름대로의 전략을 세우지 않으면 수익을 유지하기가 어렵다. 하지만 차별화된 아이템으로 꽃을 판매하고, 이메일 마케팅이나 이벤트 등을 통해 고객을 관리하고, 더불어 강습을 병행한다면 안정적인 수익은 결코 '그림의 떡'이 아닐 것이다.

좀 더 빨리 배울 수는 없을까?

　자신이 목표한 결과를 최대한 빨리 달성하고 싶은 건 누구나 마찬가지일 것이다. 플로리스트가 되고자 하는 사람들 역시 채 첫걸음을 떼기도 전에 이미 마음은 프로페셔널이 되어 있는 자신을 상상하곤 한다. 내가 디자인한 작품이 어느 파티의 테이블 위를 장식하고, 결혼하는 신부의 손에 들려 있는 모습이란, 정말이지 생각만 해도 멋진 일이 아닐 수 없다.

　때문에 플로리스트란 이름으로 어느 정도 인정받기까지, 적어도 2~3년 이상의 시간이 걸린다는 사실은 예비 지망생 입장에선 너무 길다고 여겨질 수밖에 없다. '좀 더 빨리 배울 수는 없을까요?' 란 질문은 그래서 전문 학원의 홈페이지 상담실란에 자주 눈에 띈다.

하지만 대부분의 전문학원이나 개인 플라워 숍에서 지향하는 1년 전후의 플로리스트 교육 기간은 그럴 수밖에 없는 타당한 이유가 있다. 이것은 사회에서 쌓게 되는 실무경험 기간도 다르지 않다.

그 첫 번째 이유는 우선 플로리스트가 기본적으로 기술과 경험을 요하는 직업이기 때문이다. 생소한 플로리스트 분야에서 꽃을 자유자재로 다루기까지, 반복되는 훈련과 노력을 거쳐야 하는 건 너무나 당연하다. 꽃을 비롯해 다양한 디자인 기법, 형태, 색채, 재료 등에 대한 지식과 기술은 이처럼 오랜 시간 꾸준히 공부하고, 연습에 연습을 거듭해야만 얻어질 수 있는 것이다. 그래야만 예전의 꽃집 수준이 아닌, 요즘 우리가 말하고 생각하는 진정한 플로리스트로 활동할 수가 있게 된다.

또 하나는 이 직업이 꽃과 식물이라는 살아 있는 생명체를 다룬다는 이유에서이다. 꽃과 식물은 계절에 따라 나오는 시기가 다르다. 따라서 아무리 재배 기술이 발달했다고 해도 계절에 따른 소재들은 차이가 날 수밖에 없다. 이 때문에 플라워 디자인은 적어도 1년 이상의 교육과정과 또 그 만큼의 실무 경험을 거쳐야 비로소 꽃과 식물을 제대로 다룬다고 말할 수 있게 되는 것이다.

예를 들어보자. 학원의 경우 봄과 여름에 걸쳐 6개월 동안만 플로리스트 과정을 배우게 되면 가을과 겨울에 나오는 꽃과 식물의 재료는 충분히 다뤄볼 기회가 자연히 적어진다. 한 마디로 전문적인 과정으로서 플라워 디자인을 온전히 배웠다고 하기 어려운 것이다. 또한 교육 과정을 1년 이상 배웠다고 해도 플로리스트는 기술직이다. 일 년 동안의 한 사이클만으로는 플라

워 디자인을 숙련되게 해낼 수 없다. 현장에서 다시 실무경험을 쌓아야만 비로소 내 것으로 만들 수가 있는 것이다.

게다가 요즘엔 플라워 디자인 하나만으로는 부족한 시대이다. 파티 플래너, 스타일링, 그린 인테리어와 같은 다재다능한 능력이 점점 더 요구되고 있다. 그리고 확실히 그런 능력을 갖춘 플로리스트는 대우를 받는다. 그저 꽃 장식 하나만 잘하면 되는 외국과는 다른 것이 지금 우리나라 플로리스트계의 현실이다. 따라서 이런 것까지 감안한다면 플로리스트가 되기까지 걸리는 기간은 더 길어지면 길어졌지 결코

짧아질 수가 없다.

　결론적으로 여러 가지 상황들을 살펴봤을 때 남보다 빨리 플로리스트 과정을 밟고자 하는 건 우물에서 숭늉을 찾는 격이라 말할 수 있다. 물론 좀 더 빨리 목표를 달성하는 사람들도 있다. 워낙 탁월한 재능을 갖추고 있거나, 혹은 잠을 줄이면서까지 남보다 몇 배의 노력을 기울인 경우가 이에 속한다. 하지만 그렇지 못한 대부분의 예비 지망생에게 필요한 건 역시 느긋한 자세로 차근차근 단계를 밟아가는 것이다. 이런 '스텝 바이 스텝'을 마음에 새기고 노력해야 만이 진정한 프로페셔널의 꿈을 이룰 수가 있게 된다.

나이와 배움의 상관 관계

　인생의 제 2막, 혹은 다른 삶을 위한 시작으로 플로리스트를 선택하려는 이들 중엔 나이 때문에 망설이는 경우가 꽤 있을 것이다. 특히 작아도 뭔가 내 사업을 해 보고 싶다거나 적성에 맞지 않는 직장으로 인해 고민하는 30~40대들이라면 이러한 망설임은 더하다.

　'너무 늦은 것은 아닐까?', '다시 시작하는 건데 내가 정말 잘 해낼 수 있을까?'와 같은 걱정은 불안감과 부담감이 되어 앞으로 나가고자 하는 발걸음을 무겁게 한다.

　하지만 정말 하고자 하는 의지가 있고, 노력만 한다면 플로리스트라는 직업에서 나이는 그다지 복병이 되지 않는다. 그 이유는 바로 전문직이라는 사실 때문이다. 플로리스트라는 직업에서 중요한 것은 나이나 학력이 아니라 실력이고 감각이다. 이는 현재 플로리스트로 활동하고 있는 선배들이 하나같이 입을 모아 하는 얘기이다.

이들은 나이에 관계 없이 평생 일할 수 있는 자신의 일이 자랑스럽다고 말한다. 이를 대변하듯 실제로 플로리스트 중엔 직업을 바꾼 선배들을 많이 볼 수 있다. 이들은 일반 사무직은 물론 교사, 음악가, 웹 디자이너, 비서, 도예가 등의 일을 과감히 접고 조금 늦었다 싶은 나이에 플라워 디자인으로 새롭게 인생의 도약을 꿈꾸고 있다. 뿐만 아니라 대부분 자신의 선택에 후회가 없다고 이야기한다. 그 이유는 바로 자신이 너무 좋아하고 또 하고 싶었던 일을 하고 있기 때문이다. 따라서 그 자체로 만족감을 얻고 여기에 전직(轉職)을 한 용기와 열정을 바탕으로 좋은 결과 또한 이루어 내고 있다.

하지만 그렇다고 해도 고려해야 할 점이 전혀 없는 것은 아니다. 30대가 넘어 이 일을 시작하려 할 때는 나이가 앞으로의 진로에 다소 영향을 미칠 수 있다는 점은 알아두는 것이 좋다. 무슨 말인가 하면 10, 20대에 비해, 특히 취업을 하는 데 있어 제약이 따를 수 있다는 말이다. 좀 더 구체적으로 설명해 보자.

20대 이전에 플로리스트 과정을 배우게 되면 공부하는 기간부터 실무 경험을 쌓기까지 아무래도 그 이후에 시작하는 사람보다는 시간적으로 여유가 있다. 2~3년이 넘는 비교적 오랜 배움의 기간이지만 어찌 되었든지 간에 20대에 끝낼 수가 있기 때문이다.

반면 30대 이후에 시작하게 되면 모든 배움의 과정을 끝내기까지 조급하기 마련이다. 조금 늦은 감이 있다고 생각한 만큼 3년여의 기간은 결코 짧은 시간이 아니기 때문이다. 또한 실무 경험을 위해 취업을 하는 것 역시 고용인 입장에서는 부담스러울 수 있다. 특히 체력소모가 많은 분야이다 보니 보다 젊은 사람을 직원으로 두고 싶은 것이 인지상정이다.

물론 그렇다고 해서 취업이 아주 안 되는 것은 아니다. 하지만 이런 현실을 감안했을 때 30대 이후에 시작한다면 취업보다는 개인적으로 플라워 숍을 열거나 프리랜서로 방향을 잡는 것이 좋다. 이럴 경우 오히려 젊은 사람들에 비해 노련미와 안정감이 있다는 점에서 또 다른 가능성을 열어갈 수도 있을 것이다. 그리고 이 부분에서 한 가지 더 생각해야 할 것은 교육과정을 길게 잡을수록 좋다는 것이다. 그 이유는 취업을 통해 실무경험을 쌓을 기회가 아무래도 충분치 않기 때문이다. 따라서 이를 대체할 만큼의 배움의 시간이 무엇보다 필요하다.

by 왕경희

인터뷰 4 _ Her Story

플로리스트로 제 2의 인생을 다시 꽃피운 그녀
전 조선호텔 플라워 숍 제인패커
왕경희 매니저

자신의 길이라 여겼던 일을 버리고 새로운 일에 도전한다는 건 생각처럼 쉬운 일은 아니다. 더구나 지금까지 걸어왔던 길이 미래를 보장한다면 말이다. 플로리스트 왕경희 씨가 그랬다. 한 때 사립 고교 교사였던 그녀는 안정적이고 보장된 자신의 직업이 천직인 줄만 알았다. 그랬던 그녀가 교육학에 뜻을 두고 미국 유학을 갔다가 플로리스트가 되어 돌아왔다. 그저 평소 꽃을 좋아했을 뿐인데 그것이 '또 다른 삶'이 된 것이다.

세계적인 플라워 브랜드 숍 제인패커의 수석 매니저이자 호텔리어, 그리고 플로리스트 강사. 화려한 프로필이 말해주듯 그녀는 지금 제 2의 인생을 꽃피우고 있다. 전직(轉職)을 꿈꾸는 이들이라면 귀 기울여 봄직한 그녀의 스토리를 만나보자.

interview

》 친절한 플라워 씨

인하대 해양학과에 다니던 시절, 그녀는 어머니로부터 꽃꽂이를 권유받았다. 남자들이 우글대는 학과에 들어간 딸이 걱정되어 어머니 나름대로 방법을 강구해낸 것이 바로 꽃꽂이였다. 그렇게 시작한 취미생활은 참으로 재미있었다. 꽃을 꽂고 있는 동안에는 스트레스가 풀렸고 심지어는 치유되는 느낌마저 들었다. 이처럼 친절한 꽃 덕분에 그녀는 기분이 안 좋거나 피곤할 때 쉽게 스스로를 조절할 수 있었다. 또 3년 만에 최연소 나이로 사범증을 받을 수 있었다.

대학을 졸업한 뒤, 그녀는 목동의 한 사립고교에서 지구과학 교사로 근무했다. 그러다 이내 유학을 결심했고 미국 텍사스 A&M대학의 교육공학 박사 과정에 입학했다.

그러나 문제가 생겼다. 어려운 교육공학, 그것도 박사 과정을 공부하기에는 언어로 인한 장벽이 너무나 컸다. 심한 스트레스 때문에 우울증은 물론 심지어 실어증에 걸릴 정도였다.

"인생에서 그렇게 바보 같다고 느낀 적이 없었어요. 지푸라기라도 잡는 심정으로 외국 유학생들의 고민을 상담해주는 선생님을 찾아갔죠. 그러자 뜻밖에도 저에게 한국에서는 스트레스를 받을 때 주로 무엇을 했는지 묻더군요. 당연히 전 '꽃꽂이'라고 대답했고 선생님으로부터 학교에 화훼 전공 과정이 있다는 사실을 듣게 되었어요."

평소 꽃을 좋아해 한국에서도 7년간 꽃꽂이를 해왔던 그녀였다. 그 길로 박사 과정을 포기하고 플라워 디자인을 공부하기 위해 과감히 전과(轉科)를 했다. 무모하다 싶을 수도 있지만 그녀에겐 그만큼 절박했던 것이다. 그러고 나니 갑자기 말문이 트이는 등 학교생활이 즐거워졌다. 모든 과목에서 A⁺를 받기 시작했고, 손재주가 좋다는 교수님의 칭찬까지 듣는 우등생이 되었다. 2년 후 텍사스에서 열린 꽃꽂이 대회에서는 1등을 하기도 했다.

내부에 잠들어 있던 재능이 눈을 뜬 듯, 좋아하는 일을 하기 시작하면서 그녀의 진정한 진가가 발휘된 것이다. 모두 친절한 '플라워 씨' 덕분이었다.

이후 캘리포니아의 '아반테 가든'이라는 브랜드 숍 겸 스쿨에서 경력을 쌓았다. 꽃과 함께 파티와 웨딩을 다루는 유명한 곳으로 그녀는 주로 대형 호텔과 할리우드 연예인들의 연회에서 꽃 장식을 담당했다. 그동안 세계에서 인정해주는 미국화훼 디자이너 회원증(AIFD)도 땄다.

》 강사와 호텔리어의 두 날개를 달다

유학 생활을 마치고 귀국했던 97년. 그녀는 모교인 인하대학교의 사회교육원에서 플라워 디자인 전문가 과정을 강의하기 시작했다. 당시 한국은 플로리스트에 대한 사회적 인식이 막 달라지고 있던 시기여서 대학에 플로리스트 관련학과가 등장하고 사회교육원에도 관련 강좌가 속속 생겨났다.

그러나 강의를 시작하고 얼마 안 있어 그녀는 미국에서 배운 웨스턴 스타일만으로는 무언가 부족하다는 것을 느꼈다. 바로 플라워 디자인 이론이었다. 예를 들어 미국의 웨스턴 식 교육은 '예쁘니까 이렇게 꽂고, 좋으니까 저렇게 색을 배치한다'는 식이었다. '꽃을 여기에 꽂으면 왜 예쁜지, 색을 저렇게 배치하면 왜 좋은지'에 대한 이론은 없었던 것.

그녀는 이에 대한 답을 유러피언 스타일에서 찾을 수 있었다. 특히 독일식 교육은 실무적이고 방법론적인 이론이 잘 정립돼 있는 것이 특징이다. 그래서 그녀는 독일식 수업으로 유명한 한 플로리스트 학원에 등록하여 부족한 부분을 채웠다. 그동안 독일에도 다

interview

녀왔다. 이것을 계기로 평소 느꼈던 의문을 속 시원히 풀 수 있었다.

유럽식 플로리스트 교육과정까지 마치고 나자 그녀는 마치 날개를 단 듯 활동을 시작했다. 그러던 어느 날 평소처럼 강의를 하고 있는데 한 학생이 갑자기 손을 들더니 "한국 플라워 숍에서 직접 꽃을 팔아 본 적 있으냐"고 물었다. 꽃집을 운영하는 자기 어머니의 경우에 비춰볼 때 우아한 이야기만 하는 왕씨의 강의는 비현실적이란 지적이었다. '아차' 하는 마음과 함께 '과연 내가 지금까지 무엇을 가르쳤나, 또 제대로 가르쳐 왔나'에 대해 회의가 들기 시작했다. 그래서 선택한 것이 호텔리어였다. 2002년 말 조선호텔 플라워 숍 '제인패커'에 지원하여 총 매니저가 된 것이다.

"실력과 실무를 두루 갖춘 호텔리어는 다른 플로리스트에 비해 역동적이고 또 수입도 좋은 편이긴 해요. 하지만 그만큼 부지런해야 하고 또 이겨내야 할 어려움이 많지요. 특히

그 밖의 궁금증_ **103**

마케팅적인 마인드가 있어야 해요. 꽃만 잘 꽂는다고 되는 게 아니에요. 디자인한 꽃을 어떻게 포장하느냐가 더 중요한 관건입니다."

여기서 포장이란 래핑(Wrapping)이 아니다. 같은 꽃이라도 어떻게 'PR' 할 것인지, 어떤 스타일로 연출하여 꽃의 매력을 한층 더 돋보이도록 할 것인지를 말하는 것이다.

지금 그녀는 '플로리스트 왕경희 연구소'에서 미국 AIFD 과정과 파티 플래너 과정을 강의하면서 박사 과정에 도전하고 있다. 물론 플라워 코디네이터로 다양한 공간 장식도 함께 겸하고 있다. 자신이 알고 있는 지식과 경험을 가르치는 교육자로, 아티스트로 인생의 남은 부분을 온전히 채우고 싶어서이다.

by 왕경희

서양식 플라워 디자인만 잘하면 된다?

우리나라는 본래 오랜 전통의 동양식 꽃꽂이 문화를 자랑해 왔다. 선과 공간을 중요시하는 단아한 아름다움이 바로 동양식 꽃꽂이의 대표적인 매력이다.

그러나 이 같은 장점에도 불구하고 요즘엔 서양식 스타일이 더 선호되는 분위기이다. 거기에는 여러 가지 이유가 있겠지만 무엇보다 생활 구조가 좌식에서 입식으로 바뀌게 된 게 가장 큰 이유인 듯싶다. 주거 양식이 한국식에서 서양식으로 변화하다보니 꽃 장식 역시도 그러한 공간과 건물에 맞도록 자연스럽게 서양식으로 연출되어 왔다.

by 빌리디안

또 요즘엔 편리하면서도 세련된 생활 문화를 추구하는 게 특징이다. 이런 면에서 서양식 디자인은 트렌디할 뿐아니라 다양한 꽃들을 파티나 프로포즈,

발렌타인데이 등 현재의 라이프스타일에 맞게 디자인하고 연출하기에 실용적이다. 이런 추세는 상업적인 면에서 서양식 스타일이 좀 더 인기를 끌게 된 비결이 되고 있다. 그러다 보니 플라워 디자인을 배운다고 하면 이제는 누구나 서양식을 떠올리게 된다. 그것이 플로리스트라면 가야 할 주된 길이자 목표가 되고 있는 것이다.

하지만 정말 그럴까? 과연 플로리스트로서 서양식 플라워 디자인만 잘 하면 그만인 걸까? 그에 대한 답은 다음의 내용을 바탕으로 판단할 수 있을 것이다. 세계의 각종 꽃 관련 대회나 전시회에서 외국인들의 관심을 끄는 건 다름 아닌 오리엔탈리즘이다. 우리에겐 익숙해서 별 다를 것 없어 보이는 이 '동양풍'에 대해 외국인들은 신선하면서도 독특한 느낌을 가진다. 꽃뿐만이 아니다. 패션과 인테리어, 영화, 음악, 요리 등에서도 마찬가지다. 서양인들에게 평소 접해보지 못한 문화예술을 보고 듣는 것은 새로운 경험이자 매력일 수밖에 없다.

우리나라 유명 플로리스트들의 실력도 바로 우리 고유의 정서에서 비롯되었다고 할 수 있다. 특히 외국에서의 프로필을 갖고 있는 플로리스트들은 하나같이 동양 꽃꽂이 경력이 큰 도움이 되었다고 말한다. 취미로 즐겨왔던 동양 꽃꽂이를 서양식에 접목한 것이 오히려 플러스 요인으로 작용했다고 말이다. 실제로 우리나라에서 인정받고 있는 플로리스트들은 한국적인 것에서 모티브를 찾는 사람들이 많다.

또한 우리나라에서 유행하는 유러피언이나 웨스턴 스타일도 알고 보면 대부분 한국인의 정서에 맞게 변화된 것이다. 일례로 미국에서는 포장되지 않은 꽃을 더 많이 찾는다. 워낙 실용적인 것을 추구하는 그네들의 사고방식 때문이기도 하지만, 포장된 꽃은 그렇지 않은 것에 비해 지나치게 고가(高價)이기 때문이다. 게다가 미국은 꽃 자체의 품질이 워낙 좋아서 굳이 포장하지 않아도 그 아름다움을 충분히 느낄 수 있다. 이에 반해 우리나라 사람들은 화려하게 포장된 꽃을 더 선호하는 편이다. 플라워 디자인 분야에서 래핑(wrapping) 문화가 유난히 발달한 것도 이 때문이다. 포장지, 리본, 끈, 박스 등 다양한 포장 재료와 조화를 이룬 꽃의 판매율이 확실히 높다고 한다. 게다가 외국의 여러 디자인 기법을 우리 식에 맞도록 응용하는 것까지, 우리는 우리만의 정서를 바탕으로 나름대로의 꽃 문화를 이루어가고 있다.

이 때문인지 동양적인 느낌이 묻어나는 플라워 디자인을 시도하는 플로리스트들이 점점 늘고 있는 추세이다. 기존의 플로리스트는 물론이고 유학을 다녀온 신세대 플로리스트까지, 동양적인 느낌을 접목하는 것에서 차별화를 시도하고 있다. 따라서 이런 상황들을 살펴볼 때 외국이 아닌 우리나라에서 활동하고자 하는 플로리스트라면 서양식 플라워 디자인뿐만 아니라 우리 고유의 동양 꽃꽂이도 함께 공부해 두는 것이 좋다. 다름 아닌 예술적 감각, 디자인 감각 등에 있어서 새로운 경쟁력을 갖추는 힘이 될 수 있기 때문이다.

유러피언 스타일도 나라마다 특징이 있다

오랫동안 트렌드를 주도하고 있는 유러피언 스타일은 누가 봐도 기분 좋은 상업성을 추구하여 많은 이들에게 사랑받고 있다. 그러나 유럽피안 스타일도 나라마다 특징과 개성이 다르다는 사실을 알고 있는지….

네덜란드나 독일의 경우 꽃뿐만 아니라 자연적인 잎이나 가지, 열매 등을 이용하여 기하학적인 형태의 디자인을 추구한다. 또한 장식적인 요소들에 있어 신소재들을 곧잘 사용하곤 한다. 특히 독일 스타일은 조형적이며 초자연적인 형태를 표현하고 있고 또한 상상력과 장식적인 부분에 상당히 공을 들이고 있다. 네덜란드 스타일에서는 산술적인 면을 그대로 플라워 디자인에 흡수시키려고 노력한다.

반면 영국식 플라워 디자인은 꽃의 원래 모습을 크게 훼손하지 않는 '자연주의'를 지향한다. 인위적인 소재나 테크닉은 거의 배제하고 나무소재 보다는 거의 꽃만을 이용한 디자인을 자연스럽고 전통적으로 표현하고 있다. 마치 정원에서 꺾은 듯한 소재로 장식하는 것을 선호한다. 색상은 온유하고 부드러운 경향이 있으며 스타일은 낭만적이고 풍성하다.

프랑스의 경우에는 형태적인 면에서는 영국과 큰 차이가 없지만 소재에 있어 핏빛 빨강색, 형광 노란색, 녹황색 등 원색 계열의 꽃을 조합해 디자인함으로써 색감이 훨씬 더 화려하고 강렬한 것이 특징이다.

인터뷰 5 _ Her Story

자연주의 플라워 디자인을 표방하는 그녀
플라워 숍 빌리디안의
곽재경 실장

원래 곽재경 씨는 인테리어 디자이너가 직업이었으나 많은 플로리스트들이 그러하듯 꽃의 매력에 끌려 전업을 한 케이스다. 그렇다고 인테리어 디자인과 플라워 디자인이 전혀 별개라는 의미는 아니다. 인테리어 디자인에 있어 식물은 결코 간과할 수 없는 소재다. 꽃과 식물은 인테리어 디자인을 깔끔하게 마무리하는 데 있어 항상 중요한 역할을 담당한다. 곽재경 씨가 플라워 디자인과 인연을 맺은 것도 알고 보면 인테리어 디자이너였기 때문이었다. 그는 인테리어 디자인을 완성하는 식물들의 매력에 푹 빠져 결국은 일본까지 찾아가 플라워 디자인을 배우게 된다.

i n t e r v i e w

　일본은 미국이나 유럽 선진국 못지않게 꽃 문화가 발달한 곳이다. 또한 꽃 소비와 종류가 세계 어느 곳 못지않게 다양하다. 이 때문에 그녀는 제대로 된 플로리스트 과정을 배울 수 있으리라고 기대했다. 일본은 같은 아시아권이면서도 트렌드나 감각적인 면에서 많은 도움을 얻을 수 있으리라 생각했고, 그 판단은 틀리지 않았다. 그녀는 선진 유럽과 미국의 화려한 서양식은 물론 일본 전통 꽃꽂이인 이케바나를 비롯해 동양식의 단아하고 깔끔한 스타일을 다양하게 접할 수 있었다. 그녀가 추구하는 동양적이고 내추럴한 테마는 바로 이때의 경험에서 다져졌다고 할 수 있다. 게다가 일본만의 아기자기한 특징이 배어나는 포장 문화는 그녀가 노하우를 쌓는 데 매우 요긴하게 작용했다. 무엇보다 우리나라와 플라워 비즈니스의 형태가 비슷해 한국에 와서 자연스럽게 적용할 수 있었던 것도 큰 이득이었다.

　그녀가 공부한 곳은 J's World Flower School과 Flower School Jardinesdes. 우리나라에는 잘 알려지지 않은 곳이지만 소수 정예의 교육이 이루어지는 곳이어서 마음에 들었다. 두 곳의 학교에서 5년 동안 그녀는 서양식과 일본식 플라워 디자인을 배우며 웨딩, 프로, 전문, 사범 과정을 수료하고 커리큘럼을 이수했다.

　"어떤 교육 기관에서 공부하든 중요한 것은 자기만의 스타일을 만드는 거예요. 저는 신의 아름다움이 멋스러운 동양적인 느낌에 유독 끌렸어요. 또 어릴 적 시골에서 자라서 그런지 녹색의 푸르른 빛깔이 마냥 좋았고요. 이 때문에 유학시절 여러 스타일을 배우긴 했지만 결국 제가 추구하게 된 것은 동양적이면서도 자연스러운 그린(green) 위주의 디자인이에요."

　스쿨 과정을 끝낸 후에는 바로 귀국하지 않고 일본의 플라워 숍에 취직해 1년 동안 근무를 했다. 그렇게 7년이라는 기간 동안 일본에 머물면서 그녀는 자신만의 독창적인 스타일을 완성할 수 있었다.

》 동양미와 자연주의로 차별화된 숍을 열다

하지만 한국으로 돌아왔을 때 그녀는 자신의 이런 스타일 때문에 적잖이 고생했다. 동양적이면서도 자연스러움을 추구하는 그녀와 달리 우리나라에는 이미 화려하면서도 럭셔리한 유러피언 스타일이 크게 유행하고 있었기 때문이다. 그러나 그녀는 자신이 좋아하고 또 하고 싶은 것을 뒤로한 채 남들처럼 유행에 편승하고 싶진 않았다. 그보다는 부드럽고 강하지 않은 것, 튀지 않아 오래 볼 수 있는 꽃 본연의 모습을 지향하는 것, 시류에 담담한 플라워 디자인을 선보이고 싶었다.

이 때문에 6개월 정도 방황하다가 과거의 경력을 살려 인테리어 전문 회사의 기획실장으로 잠깐 동안 취직을 하기도 했다. 그러다가 결국 2004년 '빌리디안(viridian)'이란 이름을 내걸고 작은 플로리스트 학원을 열게 된다. 장사에 소질이 없다는 생각에 숍 대신 내린 결정이었다. 하지만 일본에서 익힌 탄탄한 교육 방식과 그녀만의 독특한 스타일

interview

은 점차 학생들 사이에서 입소문이 나기 시작했다. 그리고 1년 뒤 학원 대신 같은 이름의 상호로 플라워 숍을 오픈했다. 학생들에게 필요한 것은 교육만이 아니라 실무와 현장이라는 것을 절감했기 때문이다. 이 과정에서 친구이자 비즈니스 파트너인 플로리스트 박여진 씨의 도움은 큰 힘이 되었다. 박여진 씨 역시 자연스러운 오리엔탈 스타일을 추구하는 플로리스트로 곽씨와 함께 지금의 빌리디안을 브랜드화 하는 데 큰 역할을 안 민불이다.

곽씨는 잡지에 칼럼을 쓰거나 학생들을 가르칠 때 자연주의를 강조한다. 처음에는 꽃의 화려함을 보고 다가오지만 꽃을 오래 만지면 만질수록 특별함보다 자연스러움을 더 좋아하게 된다는 것이 그녀의 생각이다.

"화려한 플라워 데커레이션을 주제로 수업을 하다가 한 번씩 소박한 화초를 이용해서 미니 화분을 만들곤 해요. 예를 들어 투명한 유리 화병에 푸른 이끼를 깔고 풍란과 치자꽃, 창포 등으로 장식하는 거예요. 이렇게 해서 완성된 미니 화분은 꽃으로만 장식하던

그 밖의 궁금증_ 113

수업과 달리 신선해서 학생들에게 인기가 있어요."

드라마 '연애시대', 영화 '북경의 남쪽'을 비롯해 각종 여성지 촬영 등 방송과 영화, 잡지를 넘나들며 활발히 활동하고 있는 그녀는 미니정원 가드닝 책을 펴내기도 했다. 지금 그녀는 빌리디안이라는 이름에 더 값진 가치를 더하기 위해 또다시 새롭게 도전을 준비 중이다. 현재 플라워 숍 빌리디안은 서초동으로 자리를 옮겨 파트너인 박여진 씨가 맡아 운영하고 있다. 앞으로도 빌리디안이 추구하고 표방하는 자연주의는 두 사람에 의해 영역을 넓히며 현재진행형으로 계속 될 것이다.

by 곽재경

배운 것을 써 먹는다는 건 생각처럼 쉬운 일이 아니다. 배움의 과정과 현실은 엄연히 다르기 때문이다. 하지만 당당한 프로페셔널의 꿈은 결국 창업이나 취업 등 직업의 세계를 통해 실현될 수 있다. 그 현장 속에서 직접 부딪치며 시행착오를 겪는 것이야말로 꿈꿔 왔던 삶을 살고 있다는 증거가 아닐 수 없다. 이제 어떻게 그 길로 들어서야 할지 플로리스트가 되기 위한 구체적인 스텝 바이 스텝에 대해 살펴보자

플로리스트라는 이름으로 플라워 숍을 운영하려 한다면 단순히 장사를 한다는 생각만으로 시작해서는 안된다. 꽃과 식물이라는 살아 있는 생명체를 다루고, 그것의 아름다움을 최대한 표현할 줄 아는 전문 플라워 숍이 되어야 한다.

플라워 숍 만들기

어떤 플라워 숍을 차릴 것인가?

　나만의 플라워 숍이 생기는 일은 정말 생각만 해도 가슴 설레는 일이다. 어찌 안 그러겠는가. 아름다운 꽃과 식물이 있는 공간에서 꿈꿔왔던 플로리스트의 일상을 한껏 펼칠 수가 있는데…. 하지만 그 기대 하나만 가지고 무작정 숍을 오픈한다는 것은 당연히 안 될 말이다. 이것도 엄연한 사업이니만큼 철저한 준비 과정이 필요하다. 그렇지 않고서 좋은 결과를 기대한다는 건 어불성설이나 다름없다.

더구나 요즘엔 하루가 멀다하고 새로운 플라워 숍들이 속속 등장하고 있다. 이런 신생 숍들은 세련된 인테리어와 스타일, 마케팅 등을 내세우며 플로리스트계의 변화를 주도하고 있다. 때문에 이런 추세에 발맞

춰 나름대로의 차별화를 꾀하지 않으면 안 된다. 이제 소비자들은 남다른 감각과 독특한 아이디어가 넘치는 플라워 숍으로 발길을 돌리고 있다.

그렇다면 어떻게 해야 할까? 무엇보다 플라워 시장의 전체적인 흐름과 트렌드를 분석하는 과정이 중요하다. 차근차근 실력을 쌓아나가는 것과 동시에 본인이 다니는 교육기관의 도움을 받거나 부지런히 발품을 팔면서 어떤 꽃 스타일이 유행하는지, 지금 잘 나가는 플라워 숍들은 무엇이 다른지 등을 알아봐야 한다. 이를 통해 자신이 어떤 플라워 숍을 열어야 좋을지 나름대로의 청사진을 마련할 수 있게 된다. 이것이야말로 바로 창업의 출발점이자, 가장 기본 단계라 할 수 있다.

● 차별화로 승부하라

사실 플라워 숍은 비교적 소자본과 소규모로 시작할 수 있는 창업 아이템으로 그 수가 계속해서 늘고 있는 추세이다. 뿐만 아니라 생활 속의 여유를 즐기려는 라이프스타일로 인해 그 기대치 또한 점점 높아가고 있다. 따라서 이 속에서 경쟁력을 갖추기 위해서는 자신만의 남다른 무언가가 절대적으로 필요하다. 그것이 꽃이든, 인테리어든, 저렴한 가격이든, 그 무엇이 되었든지 간에 한마디로 차별화로 승부해야 하는 것이다.

요즘 날로 인기를 더하고 있는 플라워 숍들을 보면 이 같은 차별화된 요소를 기본적으로 갖추고 있다. 그들의 독창성과 아이디어는 소비

소호앤 노호 (삼청)

초콜릿

자들의 눈과 마음을 사로잡는다. 그럴 수밖에 없는 것이 평소 보아 왔던 평범한 플라워 숍에서는 기대할 수 없었던 특별함과 새로움, 그리고 고객을 배려하는 세심한 마음 등을 느낄 수 있기 때문이다. 게다가 훨씬 다양하게 선택할 수 있는 꽃 종류의 소품, 포장새에 이르기까지, 소비자로 하여금 행복한 고민을 하게 만든다.

　예를 들어 꽃과 더불어 차를 즐길 수 있도록 만든 플라워 카페를 살펴보자. 한 공간에 두 가지 컨셉트를 담은 이곳에서 손님들은 예쁘게 장식된 꽃을 보며 차를 마시거나 간단한 식사를 할 수 있다. 그러다가 마음에 드는 꽃이 있으면 즉석에서 구입할 수도 있다. 손님으로서는 향기로운 분위기 속에서 일석이조의 기쁨을 누리는 것이다.

그런가 하면 신사동에 있는 한 플라워 숍은 '베이커리'를 겸하고 있다. 다양한 케이크와 쿠키 굽는 냄새, 그리고 꽃향기가 어우러진 이곳은 이미 감각파 멋쟁이들에게 소문난 명소이다. 가족이나 친구의 생일을 맞아 생일축하 케이크를 사러 온 손님들이 더불어 꽃을 구입하기 때문에 일반 플라워 숍에 비해 매출이 두 배가량 높다고 한다. 또 꽃과 함께 유명 사진작가가 찍은 꽃 사진을 전시하는 곳도 있다. 이렇게 색다른 볼거리를 제공하는 것으로 플라워 숍에 대한 독특한 인상을 남긴다.

뿐만 아니라 꽃꽂이 수업을 통해 자연스럽게 꽃을 구입하도록 하는 마케팅 기법은 이미 강남 일대 플라워 숍들 사이에서 자리매김한 지 오래이다. 이밖에 인터넷 홈페이지나 싸이월드, 블로그를 통해 회원 및 고객과의 친밀한 관계를 유지하고 정보를 공유하려는 노력도 빼놓을 수 없는 차별화 전략 중 하나이다.

가까운 일본의 경우 얼마 전부터 꽃을 다발이 아닌 송이로 파는 '뷔페식 꽃집'이 유행이다. 뷔페 식당처럼 여러 가지 다양한 꽃을 상자에 담아두고 고객이 자기 마음대로 골라 꽃송이 수대로 가격을 지불하게 한다. 또 일본은 마치 '마켓'과 같은 분위기로 플라워 숍을 운영하는 곳이 많다. 소박한 포장재로 세팅해 놓은 똑같은 형태의 아기자기한 꽃들을 죽 진열해 놓아 누구나 부담 없이 꽃을 사갈 수 있도록 하고 있다. 물론 포장해 놓은 꽃다발이 꼭 사고 싶을 만큼 앙증맞은 것은 말할 것도 없다. 꽃이 생활화된 일본이어서 가능한 일이겠지만, 점차 꽃 소비가 늘고 있는 우리나라에서도 차별화된 전략으로 고려해 볼만하다.

이처럼 개성 넘치는 아이디어를 동원해 차별화를 추구하려는 노력은 이제 플라워 숍을 열고자 하는 이들에겐 필수조건이 되고 있다. 작게는 관엽식물이나 난을 선물용으로 패키지화하는 것부터 화분 상품을 A/S하거나 또는 한창 물이 오른 꽃이나 잎으로 선물을 포장하는 등 세심한 부분에 이르기까지, 소비자를 감동시킬 수 있는 아이디어를 최대한 동원해야 한다. '과연 저 꽃집은 무언가 달라.', '한 번 가봤는데 마음에 쏙 들더라. 또 가고 싶어.' 라는 말을 이끌어낼 만한 요소가 무엇인지, 또 그것을 어떻게 갖출 것인지, 진지하게 고민해야 할 것이다.

● 컨셉트가 있는 공간을 연출하라

플라워 숍은 꽃을 파는 장소인 만큼 이러한 아름다움이 묻어나도록 공간을 연출하는 것 역시 매우 중요하다. 때문에 꽃과 식물이 돋보이는 것에만 관심을 기울였던 기존의 플라워 숍과 달리 요즘 잘 나가는 숍들은 인테리어에도 많은 공을 들인다. 꽃을 디자인하는 감각을 공간의 요소에도 여지없이 발휘하는 것이다.

일례로 삼청동에 위치한 플라워 숍 '소호 앤 노호'는 동서양이 공존하는 예술의 거리라는 공간적 특수성을 십분 활용해 인테리어를 꾸몄다. 현대적인 모던 스타일로 꾸민 외관과 한옥 지붕 서까래를 그대로 노출시켜 고풍스러운 느낌을 주는 실내 인테리어가 조화를 이루도록 한 것이다. 또한 벽지는 톤 다운된 색감으로 차분한 세련미를 더하였다.

박유천 花藝디자인院

　또 신사동에 위치한 박유천 花藝디자인院은 건물 자체가 하나의 예술적인 조형물을 연상시킨다. 나무와 이끼, 녹슨 듯한 철제문 등 자연소재의 자재들로 인테리어를 꾸며 내·외관을 자연스러우면서도 독특하게 표현했다.

　이 밖에도 작은 식물원처럼 공간을 조성한 곳, 오르간·새장·나비 등으로 클래식하면서도 로맨틱하게 분위기를 연출한 곳, 강렬한 색의 대비를 이용해 화려한 패션 몰과 같은 인상이 들도록 꾸민 곳 등 요즘 플라워 숍들은 공간에 나름대로의 컨셉트를 설정한다.

　알다시피 독특한 요소들이 숨 쉬는 공간은 사람들의 눈길을 끈다.

특히 예상치 못한 플라워 숍의 변신 앞에서 사람들은 강한 인상을 받을 수밖에 없다. 그 자체가 하나의 훌륭한 홍보가 될 수 있는 것이다. 때문에 새로 플라워 숍을 열고자 한다면 이러한 부분도 놓치지 않고 신경을 쓰는 것이 좋다. 누가 알겠는가. 나의 플라워 숍이 개성 넘치는 공간으로 입소문이 나 매체까지 타게 될지 말이다.

대신 중요한 것은 이 모든 것이 플라워 숍이라는 공간적 특성과 어떻게 잘 어우러질 것인지를 고려해야 한다는 점이다. 즉, 꽃과 식물이 놓일 공간을 연출한다는 점을 항상 염두에 두어야 한다는 의미이다.

이를 위해서는 무엇보다 플라워 숍을 돌아다니며 벤치마킹하는 것이 좋다. 마음에 드는 곳을 발견할 때마다 사진도 찍고, 들어가서 하나하나 꼼꼼히 살펴보며 나만의 밑그림을 위한 자료로 활용해야 한다. 여유가 있다면 외국의 플라워 숍을 돌아보는 것도 도움이 된다. 하지만 그렇지 못하더라도 인터넷에는 이와 관련한 이미지 사진들이 적잖이 올라와 있다. 우리나라와 다른 그들만의 독특한 플라워 숍 분위기를 간집적으로나마 느낄 수 있을 것이다. 또는 인테리어 잡지나 패션 잡지를 보는 것도 하나의 방법이다. 어차피 공간을 어떻게 꾸밀 것인가에 관한 고민이기 때문에 이런 시각적인 자극은 여러모로 도움이 될 수 있다. (물론 플라워 디자인 자체를 위해서도 이런 노력은 필수지만)

하지만 결코 인테리어에 돈을 많이 들여야 한다는 뜻은 아니다. 부지런히 발품을 팔거나 보고 배우면서 얻은 정보를 나만의 방식으로 공간에 적용시키라는 얘기다. 최소한의 경비로 최대의 효과를 내야 함은 창업에 있어 기본 정신이라 할 수 있다. 따라서 머릿속에 구상한 공간에 대한 이미지를 완성하기 위해 조명 하나, 작업대 하나라도 내가 직접 보거나 의뢰하여 설치할 수 있도록 부지런을 떨어야 할 것이다.

● 무엇에 주력할 것인지 목적을 분명히 하라

처음 플라워 숍을 오픈할 때는 마음이 앞서서 이것저것 다 잘하려고 욕심을 부리게 마련이다. 그러다보면 다른 숍들처럼 꽃도 팔고, 이벤트 행사를 위한 꽃 장식도 하고, 또 강습 등 여러 가지를 해야 할 생각에 우왕좌왕하기 쉽다.

그러나 시작하자마자 이 모든 것을 다 잘 하려고 하면 제대로 운영하기도 전에 쉽게 지쳐버릴 수 있다. 게다가 무엇 하나 만족스럽게 내 것으로 만들지 못한 채 시행착오만 계속 겪게 되는 경우도 적지 않다. 멀티플레이어적인 능력은 하루아침에 이루어지지 않는 법. 선배 플로리스트와 같이 다양한 분야를 다룰 수 있는 노하우는 시간이 지나다보면 많은 경험을 바탕으로 자연히 쌓일 수 있는 부분이다. 그러므로 너무 서두르거나 조급해 하지 않도록 자신을 조절하는 것이 필요하다.

처음 창업을 할 때, 보다 안전하고 또 수월하게 시작하기 위해서는 먼저 무엇에 주력할 것인지 목적을 분명히 하는 것이 좋다. 판매를 우선으로 할 것인지, 강습을 목적으로 할 것인지, 아니면 이벤트를 위한 꽃 장식을 주로 하고 싶은지 등등. 이 중 하나의 분야를 선택해 그에 대한 능력을 키워가야 할 것이다.

예를 들어 이벤트 행사와 같이 커다란 외부 작업에 주력하고자 한다면 파티 플래너의 자질을 함께 갖출 수 있도록 노력해야 한다. 테이블세팅과 식기, 가구, 조명과 같은 파티 소품, 풍선아트 등 필요한 지식과 정보를 습득하는 것은 물론 영업력을 키우는 등 세심한 계획이 필요하다. 이밖에 꽃 배달을 통해 판매 매출을 올리려고 계획했다면 이에 맞는 시스템을 갖추어야 하고, 또 강습을 주된 목적으로 정하고 숍을 운영하고자 한다면 커리큘럼과 교육방법 등에 초점을 맞추어야 한다. 물론 그러는 틈틈이 미술사나 패션, 조명, 가구, 액세서리 등 미술과 디자인 전반에 관해 기초를 다져야 함은 두말할 나위 없다.

이렇게 자신이 잘 할 수 있는 것, 또는 평소 하고 싶었던 한 분야부터 주력해 차츰차츰 실력을 키워가고 그에 걸맞는 투자를 하다 보면 숍 경영에 관한 여러 가지 노하우는 자연스럽게 쌓일 수밖에 없다. 이것을 통해 더불어 얻어질 수 있는 것이 바로 자신감이다. 초보 창업자에게 자신감은 커다란 '뒷심' 역할을 해주는 만큼 이를 위해 노력하는 과정은 중요하다. 또한 고객이나 클라이언트에게 '저 숍은 꽃다발이 독특해', '저 숍은 파티를 잘 진행해'와 같이 주력 분야에 대한 이미지를 명확하게 심어줄 수가 있다. 그러다 보면 결국 이것은 또 하나의 경쟁력으로 작용해 플라워 숍의 가치를 높이는 데 큰 힘이 되어 준다.

● 경험과 실력을 쌓는 데 집중하라

플로리스트라는 이름으로 플라워 숍을 운영하려 한다면 단순히 장사를 한다는 생각으로 시작해서는 안될 것이다. 꽃과 식물이라는 살아있는 생명체를 다루고, 그것의 아름다움을 최대한 표현할 줄 아는 전문 플라워 숍이 되어야 한다. 그러기 위해서는 뭐니 뭐니 해도 경험과 실력을 쌓는 노력을 게을리해서는 안 된다.

처음 플라워 숍을 운영하는 초보에게 경험과 실력이란 먼저 식물을 선택하는 능력에서부터 시작된다. 좋은 품질의 꽃과 식물을 싸게 구입하고, 또 그날 필요한 적당한 양이 얼마만큼인지를 파악하고 결정하는 능력이 필요하다. 그렇지 않으면 신선도가 떨어지는 물건을 구입하게 되거나 또 필요한 양을 맞추지 못해 부족하거나 재고가 남는 결과를 낳게 된다.

또 하나, 꽃은 신선함이 생명인 상품이지만, 다른 면에서 보면 소비자가 구입해 장식한 다음까지를 고려해야 하는 상품이다. 즉, 플라워 숍에서 꽃을 구입한 후 어느 정도 피었을 때까지 팔지 못하면 나중에라도 이것을 소비자가 샀을 때 얼마 지나지 않아 그 꽃은 빠르게 시들어버릴 수 있다. 그렇다면 소비자 입장에서는 당연히 플라워 숍에 대한 신뢰도가 떨어지기 마련이다. 따라서 이것을 잘 고려해 물건을 구입할 수 있는 눈과 결단력을 길러야 한다. 이러한 능력은 결코 하루아침에 이루어지는 것이 아니다. 그만큼의 시간과 노력을 들여야 가능한 일이다.

또 이렇게 구입한 생화는 가능한 빨리 물 올리는 작업을 해야 한다. 이것을 얼마나 잘 하느냐에 따라 생화의 싱싱함이 얼마나 오래 유지되는지가 달려있다고 해도 과언이 아니다. 하지만 초보 플로리스트에게 이 작업은 가장 기본적인 것이면서도 가장 힘든 일이라 할 수 있다. 이것 역시 숙달되기 위해서는 오랜 시간과 많은 시행착오가 필요하다. 결국 경력이 쌓여야 할 수 있는 일이다.

또 꽃을 세련되고 아름답게 디자인하는 것 뿐 아니라 식물자체에 대해서도 다양하게 지식을 넓혀야 한다. 왜냐하면 식물은 각각 다른 생리 특성을 가지고 있기 때문이다. 따라서 필요로 하는 관리 방법이나 조건도 각각 다르다. 예를 들자면, 어떤 식물은 햇빛을 좋아하는 반면 어떤 식물은 그렇지 않다. 또 물을 좋아하는 식물과 싫어하는 식물이 있고, 추위에 잘 견디는 식물과 그렇지 않은 식물이 있다. 때문에 이 같은 식물의 속성을 잘 파악해 그것에 맞게 관리해야 한다. 더불어 고객에게도 필요한 관리요령을 세심하게 알려준다면 작은 감동을 줄 수 있을 것이다.

싱싱한 꽃을 고르는 노하우와* 물오름 조절

보기 좋게 핀 꽃 보다는 필 듯 말 듯 보이는 꽃을 사야 좀 더 오래 볼 수 있을 것 같다. 그래서 대부분 꽃을 살 때 가급적 봉오리가 핀 꽃을 고르곤 한다. 하지만 일반적으로 장미를 비롯해 봉오리가 단단한 꽃은 일상의 온도와 습도로는 잘 피우기가 어렵다. 따라서 약간 꽃봉오리가 피기 시작한 것을 고르는 것이 좋다. 다만 튤립, 아이리스, 수선화, 백합 등은 봉오리가 단단한 것을 사야 피는 모습을 보면서 오래 즐길 수 있다.

장미는 상중하로 나뉘어 상품이 출하되기 때문에 상품에 대한 구분이 거의 확실하다. 비슷해 보이는 꽃이라도 가격의 차이가 난다면 반드시 이유가 있으니 꽃이 쓰이는 중요도에 따라 장미의 등급을 결정하는 것이 좋다. 거베라는 가운데에 꽃가루가 있는 것을 피하고, 백합은 수술이 약간 보이는 상태의 중간 정도로 개화한 것을 고르도록 한다. 국화는 다른 꽃에 비해 만개한 상태에서도 오래 피어 있기 때문에 활짝 핀 것이라도 무방하다. 또 안개꽃은 줄기가 물러 있거나 시든 꽃이 섞여 있는 경우 오래된 꽃이므로 유심히 살펴본다.

일반적으로 꽃은 송이가 크고 선명한 것이 좋으며 대는 굵고 긴 것이 좋다. 잎사귀가 달린 것은 눈으로 확인해 잎이 푸르고 싱싱한 것과 잎이 난 간격이 짧

은 것을 선택하는 것이 좋다. 또한 물에 오래 담가둔 꽃인지도 확인 해야 하는데 이럴 경우 줄기 부분이 무르는 수 가 있으므로 유심히 살 펴 본다. 꽃의 수술을 보고도 꽃이 얼마나 싱 싱한지를 짐작할 수 있 다. 수술은 꽃이 절정에 이르렀을 때 꽃가루를 만든다. 따라서 수술의 꽃가루가 흐트러져 있다면 그 꽃은 이미 한 번 피었다는 뜻이므로 그리 오래가지 않는다는 것을 알아 두자.

    꽃도 야채와 같이 싱싱할수록 비싼데 한 마디로 가격이 품질을 말해준다고 할 수 있다. 값이 쌀수록 그만큼 꽃의 수명이 짧을 기능성이 높으니 무조건 싼 꽃 을 선택하지 않도록 한다.

    좋은 꽃을 선택한 후에는 사용할 시기에 맞추어 물오름 조절을 잘해주어야 한다. 물오름 조절이란 다음 날 장식할 꽃이 보다 싱싱하게 유지되도록 하기 위 해 하루나 이틀 전쯤 꽃을 물에 담가 놓는 것이다. 이렇게 해야 꽃에 물이 적당히 올라 예식이 진행되는 동안 싱싱함이 유지된다. 만일 시간이 촉박해 제대로 물오 름 조절을 할 시간이 없다하더라도 최소한 2시간 이상은 담가 놓아야 한다.

● 초보에겐 체인점도 하나의 방법이다

플라워 숍 체인점이 가지는 가장 큰 장점은 본사나 가맹점이 이미 만들어 놓은 노하우와 시스템, 그리고 각종 정보 등을 활용할 수 있다는 점이다. 때문에 아직 경영에 대한 실력과 경험이 부족한 예비 창업자에게 체인점은 안전하게 경영을 시작할 수 있다는 면에서 하나의 방법이 될 수 있다.

특히 프랜차이즈 체인의 경우, 대부분 브랜드 체인으로 본사가 가지고 있는 인지도와 판매 노하우를 활용한다. 따라서 필요한 정보와 경영 및 기술 지도를 포함해 여러 가지 지원을 받을 수 있다. 특히 자체 브랜드의 고유 로고가 찍힌 화기나 포장지 등을 사용할 수 있어 고객들에게 친숙하게 다가갈 수 있다는 장점이 있다. 물론 부자재나 생화를 구입하는 요령, 매장 인테리어 등에 대해서도 본사의 자체 루트와 컨셉트에 따라 일괄적으로 관리가 가능하다. 하지만 프랜차이즈이기 때문에 감수해

소호앤 노호 (삼청)

야 할 부분도 있다. 바로 본사에서 정해 놓은 상호와 간판만을 사용해야 하고 이에 대해 로열티를 고정적으로 지불해야 한다는 점이다. 그런 면에서 창업 비용을 절감하거나 자신만의 개성이 담긴 숍을 운영하려 할 때는 오히려 걸림돌이 될 수 있다.

또 다른 체인으로는 각각의 상호를 가진 플라워 숍들이 특정 로고를 중심으로 공동마케팅을 펼치는 형태를 들 수 있다. 일종의 플라워 숍들 간의 연합체라 말할 수 있다. 이들은 서로가 협력하면서 경영하는 방식으로 운영되는데, 대부분 특정 업체나 숍이 주체가 되어 가맹점을 모집하고 있다. 흔히 가맹점임을 알리는 문구가 부착돼 있는 숍들이 여기에 속한다. 이런 체인점 형태에 가맹할 경우 상호를 바꾸지 않아도 되는 장점이 있고, 특히 통신 배달을 통해 매출을 늘리려 할 때 적잖이 도움이 된다. 그 이유는 만일 배달 주문이 들어오면 가장 가까운 지역에 있는 가맹점에서 꽃을 배달할 수 있도록 시스템화되어 있기 때문이다. 또 프랜차이즈 체인과 달리 중복해서 가맹할 수 있다는 점, 더불어 가맹비가 적게 들고 지속적인 주문을 받을 수 있다는 점도 이 같은 형태의 체인점이 갖는 장점이다.

이처럼 초보자에게 유리한 조건이 되는 체인점은 각각 나름대로의 특색과 장·단점을 가지고 있다. 따라서 이에 대해 충분히 파악한 후 자신에게 맞는 것을 선택하는 것이 좋다. 또한 체인점으로 창업하기 전, 먼저 가맹하려는 곳에 대한 플라워 숍의 여론이나 네티즌 고객들의 반응을 알아보는 것은 물론 해당 사이트를 방문해 정보를 수집하고 가맹 조건과 방법들을 꼼꼼히 따져보는 것이 중요하다.

플라워 숍 창업을 위한 스텝 바이 스텝

플라워 숍을 창업하기로 마음을 먹었다면 이제 실천하기 위해 본격적으로 움직여야 한다. 내 이름을 내걸고 하는 사업인 만큼 신중하고 또 신중해야 함은 말할 것도 없다. 시장조사의 방법에서 위치 선정, 사업 계획서 작성, 인테리어, 홍보 등에 이르기까지 정말 많이 고민하고 발로 뛰며 치밀하게 계획을 세워야 할 것이다.

창업을 준비하는 기간은 입지와 점포 인테리어 등에 따라 조금씩 달라질 수 있지만 평균 100일 정도에서 마무리되는 경우가 많다. 그러나 이것은 어디까지나 평균적인 시간으로 조금 더 여유 기간을 가질 수 있다면 훨씬 충실하게 준비할 수 있을 것이다.

이때 창업을 위한 일정계획을 먼저 잡고 시작하는 것이 좋다. 그래야만 창업을 준비하기 위해 반드시 체크해야 할 것은 어떤 것인지, 또 무엇부터 시작해야 하는지 등을 꼼꼼히 살펴보고 진행할 수 있다.

● 창업의 첫 단추, 시장조사

　모든 사업이 그렇듯이 철저한 준비는 아무리 강조해도 지나치지 않는다. 시장의 정확한 현황을 파악하지 않은 채 막연히 잘될 것이라 생각하고 창업을 한다면 성공보다는 실패의 확률이 높다. 내가 하려는 플라워 숍이 과연 사업성이 있는지, 이에 관한 전반적인 현황과 전망을 알아보고 고객의 소비 성향과 특성, 트렌드, 그리고 권리금의 형태를 비롯한 관련법규 등에 대해 실태 조사를 해야 한다. 가령 소비자에 대해 알아본다고 하면 연령과 성별에 따른 소비 형태는 어떤지, 학생을 비롯한 젊은 층과 회사원, 주부, 단체들은 어느 가격대의 어떤 꽃 상품을 주로 소비하는지 등을 조사한다.

　시장 조사는 충분한 시간을 가지고 정보를 수집하는 것이 중요하다. 각 교육 기관의 창업과정이나 인터넷, 책자, 잡지 등을 충분히 활용하는 것과 더불어 직접 발로 뛰어다니며 충분히 시장조사를 해야 한다. 이때 벤치마킹은 큰 도움이 된다. 잘 나가는 플라워 숍들을 벤치마킹하면서 경영 마인드와 운영 전략을 간접적으로 배우는 것이다. 더불어 실패 사례도 알 수 있다면 타산지석으로 삼을 수 있다. 또 시장은 항상 변화해가는 환경이기 때문에 짧은 기간에 조사를 끝내기보다는 지속적으로 주시하면서 지켜보는 것이 좋다.

● 창업후보지 입지 탐색

흔히들 "목이 좋으면 어떤 장사든 잘 된다"고 말한다. 이는 사업에 있어서 상권과 입지가 그만큼 중요하다는 말이다.

상권과 입지 조사는 무엇보다 플라워 숍의 특성에 맞게 이루어져야 한다. 플라워 상품이 가장 잘 팔릴 수 있는 상권과 입지를 물색해야 한다는 것이다. 이를 위해서는 상권의 경우 상권 내에 유동인구가 얼마나 되는지, 꽃집이나 화원과 같은 유사 업종의 점포가 얼마나 있는지, 상품 구매를 위한 교통편의 시설은 잘 돼 있는지 등을 조사해야 한다. 입지는 한 상권 내에 특정 점포의 조건으로 쉽게 점포 위치를 말한다. 이는 특히 판매되는 상품의 종류나 고객층과 밀접한 관련이 있고, 오픈한 다음의 매출 증감률과도 관련이 있다. 입지의 성향을 살펴보면 다음과 같다.

유동 인구가 많은 시내 번화가의 차 없는 거리나 대학로 등에 창업을 하면 주로 꽃다발과 꽃바구니를 팔게 되고 유행에 민감하며 매출액이나 고객층에 큰 변화가 없다. 반면 대도시의 사무실 밀집 지역이나 대형빌딩 근처에 창업을 하면 처음에는 매출이 많지 않지만 시간이 지남에 따라 꽃바구니나 화환, 난과 같은 업무용 상품을 중심으로 판매가 늘어날 수 있다. 이밖에 아파트 단지나 주택가에 숍을 열면 주로 관엽식물이나 분화식물 등 집안에서 오래 두고 볼 수

있는 식물과 화분, 비료와 같은 원예자재 위주로 판매가 이루어진다. 또 졸업과 입학, 어버이날 등의 시즌 수요로 주 매출이 발생하게 된다.

또 하나, 입지를 정할 때 살펴봐야 할 것은 주변 점포의 업종이 플라워 숍과 연관이 있는지 여부다. 플라워 숍은 화훼단지나 의류점처럼 일반적인 상권에서 동일 업종이 촘촘히 붙어 있기가 어렵다. 때문에 동일 업종이 모여 있는 것으로 인한 시너지 효과를 내기보다는 연관 소비가 발생할 수 있는 위치를 찾아 숍을 내는 게 여러 모로 도움이 된다. 이를테면 선물가게나 제과점 등이 가까이 있으면 선물이나 케이크를 사러 온 손님들이 자연스럽게 꽃도 함께 구입하는 경우가 많아지게 된다.

이처럼 입지에 따라 매출액과 판매 상품의 종류는 달라지기 마련이다. 따라서 자신이 생각하는 고객의 타깃이나 추구하는 목표가 어떤 것인지를 먼저 정하고 여기에 맞는 적당한 입지를 탐색해야 한다.

● 사업계획서 작성하기

사업계획서는 창업을 더 탄탄하게 준비하고 실천하기 위한 목적으로 작성하는 것이다. 창업을 준비하다 보면 예상치 못했던 문제점들이 발생할 수도 있고, 어떻게 진행해야 할지 머릿속에 정리가 되지 않아 놓치게 되는 부분들이 생기곤 한다. 창업을 준비하면서 사업계획서를 작성해 두면 순서에 의해 체계적으로 일을 추진할 수 있어 진행하는 데 보다 효율적이다. 또 이 과정에서 사업에 관한 여러 가지, 즉 성공가능성, 시장조건, 위험부담 등을 객관적으로 살펴보는 기회를 가지게 되므로 실패위험을 줄일 수 있다.

그렇다면 사업계획서는 어떻게 작성해야 할까? 사업계획서는 무엇보다 구체적으로 작성하는 것이 좋다. 플라워 숍에 관한 업종조사부터 시작해 시장성조사, 입지선정과 상권분석, 비용계획, 이익계획, 자본조달계획, 일정계획에 이르기까지 꼭 필요한 내용을 정확하게 기입하고 작성한다. 특별한 형식이나 절차에 구애받을 필요는 없다. 그냥 본인이 알아볼 수 있도록 작성하면 된다. 이렇게 해서 작성된 사업계획서는 상황에 따라 계속 수정하고 보완해 나가는 것이 좋다.

● 입지선정하고 계약하기

사업계획서를 바탕으로 시장조사와 상권, 입지조사를 모두 마쳤으면 이제 마음에 딱 맞는 입지를 선정해서 계약을 하면 된다. 입지를 선정할 때는 조달 가능한 자기 자본을 고려해서 점포를 고르도록 한다. 매장 규모도 살피고 임대료와 권리금도 알아보는 등 가장 경제적인 점포의 형태와 조건을 살펴보는 것이다. 매장 규모는 보통 5~30평이 주류를 이루고 있는데 초보에게는 10~15평 정도가 적당하다. 창업 자금은 약 7000만~2억 원(점포 임차비용 포함)선으로 다양하다. 임대료의 경우 숍을 외진 곳에 차렸을 때는 저렴하지만 이런 곳에서는 아무래도 판매가 적고 그에 따른 홍보비용이 많이 지출된다. 또 통행이 많은 장소에서는 판매량이 많지만 그만큼 비싼 임대료를 치러야 한다. 따라서 채산이 맞지 않을 수도 있으니 충분히 알아보고 결정한다.

점포는 천장이 높고 빈 공간이 있는 곳이 좋은데, 플라워 숍은 관엽식물이나 화목류(花木類)와 같이 키가 큰 식물을 진열해 두고 판매하는 경우가 많기 때문이다. 또 꽃 작업을 하거나 부자재들을 관리하는 데도 효율적이다.

계약은 창업이 드디어 구체화되고 현실화되는 단계다. 그만큼 중요한 것이므로 계약을 할 때는 그 내용을 꼼꼼하게 살펴본 후 계약하도록 한다.

● 인테리어와 상품 배치하기

인테리어와 상품 배치는 플라워 숍의 이미지를 대표하는 부분이므로 특별히 신경 써서 준비한다. 숍의 특성을 잘 살리면서도 좁은 공간을 최대한 잘 활용할 수 있도록 인테리어를 꾸민다. 동선 설계를 할 때는 작업대, 카운터, 쇼케이스의 위치를 먼저 잡고 시작하는 것이 좋다. 더불어 꽃 상품을 어떻게 진열하는가는 고객에게 사고 싶은 마음을 일으키게 하는 힘을 발휘한다. 따라서 소품과 조명, 가구 등과 꽃 상품이 최대한 조화를 이루고 고객의 시선을 사로잡을 수 있도록 감각 있게 배치해야 한다. 이와 함께 꽃과 식물을 잘 관리할 수 있게 최대한 효과적으로 배치하는 것도 신경 써야 한다.

예를 들어 화려하고 컬러풀한 상품은 앞쪽에, 키가 큰 상품은 벽쪽에 진열하고 물주는 시기와 관리 요령이 같은 식물군끼리 나누어 배치한다. 또 독특한 모양의 화기들을 한 켠에 모아 놓거나 알록달

록한 리본을 보기 좋게 정리해 두는 등 효과적이면서도 독창성이 엿보이도록 배치한다. 또 매장의 컨셉트나 계절감을 살리도록 상품의 색채 조화를 어떻게 구성할 것인지 등도 함께 생각한다. 이때 각 상품에 가격과 상품명을 표시하면 여러모로 요긴하다.  다양한 식물의 이름을 자신은 물론 손님들이 자연스럽게 익힐 수 있을 뿐만 아니라 손님 입장에서 좀 더 편안하게 상품을 구입할 수 있기 때문이다.

● 사업자 등록하기

특별한 인허가 절차없이 관할 세무서에 임대차 계약서, 도장, 주민등록증을 지참하여 사업자등록을 하면 바로 사업을 시작할 수 있다. 그러나 통신판매만 하거나 통신판매를 병행할 경우에는 해당 관할구청이나 시청에 통신판매업 신고를 해야 한다.

● 오픈하고 홍보하기

　오픈이란 꿈에 그리던 바로 그 순간임과 동시에 본격적인 실무의 시작이다. 그동안 배우고 투자했던 모든 것을 아울러 실질적인 결실을 얻기 위한 첫 시점인데, 따라서 나름대로의 마케팅 전략을 세워야 한다. 우선 그 첫 번째가 바로 숍을 알리는 것. 이를 위해 다양한 이벤트와 홍보 전략을 펼쳐야 한다. 특히 오픈 이벤트의 경우 고객에 대한 '첫인사'인 만큼 신선하고 독창적인 아이디어를 통해 숍에 대한 좋은 인상을 심어주도록 한다.

　플라워 숍을 위한 홍보로는 다양한 방법이 있다. 그 중 가장 많이

활용되는 홍보물로는 책받침과 스티커, 카탈로그, 전단지 등이 있다. 만약 숍이 사무실 밀집 지역에 있을 때는 마우스 패드나 달력, 명함케이스도 좋은 홍보물이 된다. 요즘엔 숍 고유의 태그(Tag)를 만들어 꽃바구니와 꽃다발 등에 붙이거나 화기 등에 직접 프린트하는 일도 많다. 이런 태그는 종이 띠로도 만들 수 있는데, 그렇게 제작한 종이 띠를 꽃다발에 마치 손잡이처럼 둥글게 붙여 놓아도 센스 있다.

포트폴리오를 만들어 보여주는 것도 좋은 방법이다. 이는 숍을 방문한 고객뿐 아니라 클라이언트에게 진열된 상품 말고도 다양한 디자인을 소개할 수 있는 홍보 자료로 요긴하다. 포트폴리오의 구성은 이렇게 하면 된다. 평소 본인이 디자인했던 작품이나 혹은 손님과 클라이언트에게 주문받아 완성한 작품을 틈틈이 사진으로 찍어둔다. 그렇게 모은 이미지를 분류별로 모아서 파일로 정리해두는 것이다. 고개 입장에서는 한눈에 다양한 스타일의 꽃을 보고 고를 수가 있어 선택의 폭을 넓힐 수 있게 된다. 홈페이지는 숍의 상품리스트와 강습 안내, 이벤트 등의 정보를 전달하는 것은 물론, 고객과의 친분까지 쌓을 수 있는 입체적인 커뮤니케이션 공간이어서 특히 젊은 네티즌들에게 효과적으로 홍보할 수 있다.

온라인으로 하는
'나 홀로' 꽃집 창업 *

　온라인을 통한 꽃 판매는 오프라인과 달리 업무용보다는 주로 꽃다발이나 꽃바구니, 박스 플라워 등과 같은 선물용이 많은 게 특징이다. 또 꽃뿐만 아니라 와인, 케이크, 쿠키, 초콜릿 등과 함께 판매되는 일도 많다. 이 같은 온라인 꽃집은 자금이나 운영유지비가 적게 들고, 실패해도 리스크가 적다는 이유 때문에 초기 투자비용을 적게 들이려는 사람들이 많이 찾는다. 또 소호몰에 따라 독특하게 사이트 디자인을 꾸미고 다양한 이벤트를 열어 소호몰을 브랜드화 할 수 있는 가능성도 있다.
　하지만 삼성몰이나 H몰, CJ몰, 롯데닷컴과 같은 메이저 쇼핑사이트의 경우 까다로운 절차를 거쳐야 입점이 허가되고 독립 소호몰은 온라인 상권을 홀로 개척해야 하는 등의 어려움이 있다. 따라서 온라인 숍이라 해도 오프라인 못지않게 꼼꼼히 사업계획서를 짜는 등 창업 전에 철저히 사전 준비를 해야 한다. 이와 함께 창업후에도 차별화된 꽃 상품, 사진촬영, 쇼핑몰 관리 등에 지속적으로 신경을 써야 함은 물론이다.

예비 플로리스트가 가 볼 만한
플라워 숍들*

박유천 花藝디자인院
_ 오래된 건물을 독특한 컨셉트로 리모델링한 곳. 철제 외관 곳곳에 자연소재를 이용한 조형물들이 멋스럽게 자리 잡고 있어 건물 자체가 하나의 예술 작품을 연상케 한다. 꽤 넓은 내부는 강습과 작업, 숍을 함께 운영할 수 있도록 이루어져 있는데, 거대한 오브제와 이끼로 뒤덮인 한쪽 벽 등 공간 어디에서도 박유천 씨만의 철학이 담긴 꽃과 식물들을 감상할 수 있다. 특별한 깊이와 멋이 느껴져 꽃을 좀 더 순수한 예술 작품으로 바라볼 수 있게 하는 플라워 갤러리.

전화 02-546-5254~6

라 페트 (la fete)
_ 플로리스트이자 파티 스타일리스트인 황보현 실장이 운영하는 '라페트'는 이름 그대로 축제처럼 유쾌하고 휴일처럼 즐거운 이미지다. 마치 패션몰을 연상시키는 외관과 투명한 유리창 안으로 화려하고 강한 색상의 꽃들이 비주얼한 소품들과 함께 디스플레이가 되어 있다. 핑크와 바이올렛 컬러를 메인으로 한 플라워 스타일과 더불어 파티 데커레이션의 일면을 엿볼 수 있다.

전화 02-3446-4668

소호 앤 노호 (Soho & Noho)

_ 심플하고 모던한 뉴욕스타일과 내추럴한 영국 스타일의 플라워 데커레이션을 추구한다. 본사 도산점을 비롯해 현대 백화점 직영점 등에 이어 얼마 전 삼청동에도 문을 열었다. 커다란 투명 유리창 안으로 보이는 모던풍의 다양한 꽃과 화분이 이곳을 찾는 이들에게 즐거움과 미감(美感)을 선사한다. 웨딩이나 파티 컨설팅 서비스도 함께 진행하고 있다.

전화 02-745-7737

헬레나 (HeLENA)

_ 플로리스트 유승재 실장이 운영하는 이곳은 여성스럽고 화려하면서도 로맨틱한 스타일로 유명하다. 특히 파스텔톤 컬러의 꽃이나 오렌지, 퍼플 컬러 등의 다양한 컬러를 한꺼번에 조화시킨 꽃으로 꾸준히 마니아층을 형성해오고 있다. 앤티크한 소품들과 컬러풀한 벽지가 돋보이는 인테리어도 눈여겨 볼만 하다.

전화 02-549-6644

블룸 & 구떼 (Bloom & Goute)

_ 신사동 가로수길에 위치한 블룸&구떼는 플라워 숍과 까페가 합쳐진 곳이다. 플로리스트 이진숙 씨와 파티시에 조정희 씨가 공동으로 운영하면서 꽃과 케이크, 그리고 와인을 함께 선보이고 있다. 실내에는 꽃과 화분이 가득하고, 은은한 꽃향기와 케이크 굽는 냄새가 어우러져 독특한 공간 이미지를 연출한다. 많은 플라워 숍이 그렇듯 플라워 강좌도 운영한다.

전화 02-545-6659

구테 인 그린 (Gute in green)

_ 독일에서 유학한 김정미 실장의 독창적이고 신선한 인테리어가 돋보이는 숍. 자연이 주는 다양한 감동과 영감이 어우러진 독일 플라워 디자인을 모티브로 풍성하고 고급스러운 제품을 판매한다. 감각적이고 창의적인 실습 위주의 강좌를 통해 독일 어학연수 및 현지 마이스터 학교에 대한 정보도 들을 수 있다.

전화 02-511-9852

라 메종 드 플레 (La maison de fleur)

_ 라 메종 드 플레는 유러피안 스타일에 화려함을 가미한 플라워 스타일링을 추구한다. 최근에는 가수 슈와 은지원의 웨딩 플라워 스타일링을 담당했을 정도로 셀러브리티 사이에서도 유명한 숍이다. 취미부터 웨딩, 파티, 창업 등의 다양한 클래스도 개설되어 있다.

전화 02-552-0076

가드너스 와이프 (Gardener's wife)

_ 가구디자인을 전공한 플로리스트 엄지영과 가드너인 남편이 운영하는 곳으로 까다롭기로 유명한 삼청동 부근 고객들을 만족시키며 오더메이드 전문 플리워 숍으로 자리잡고 있다. 세련된 유러피언 스타일의 내부 인테리어가 인상적이며, 트렌디하면서도 로맨틱한 분위기의 꽃들이 색색으로 놓여져 색다른 운치를 자아낸다.

전화 02-738-5515

인터뷰 6 _ Her Story

꽃집의 명품 브랜드를 만든 그녀
소호 앤 노호의
이혜경 원장

외국에선 이미 브랜드 숍들이 일반화된 지 오래지만 우리나라에 정착된 지는 불과 몇 년 전이다. 플로리스트 이혜경 원장이 만든 소호 앤 노호가 처음이었다. 소호 앤 노호는 당시 심미안을 지닌 많은 이들에게 커다란 센세이션을 일으켰고 지금까지도 그 명성을 이어오고 있다. 주요 행사 및 이벤트, 디스플레이를 위한 꽃 장식은 물론 전체적인 스타일링까지 그녀가 하는 일에는 한계가 없는 듯하다.

i n t e r v i e w

몇 해 전부터 시작된 꽃집의 명품화, 브랜드화 바람. 강남 일대에서 시작된 이 바람은 감각적이고 독특한 스타일을 선호하는 소비자들의 마음을 단번에 사로잡아 버렸다. 또 꽃이 지닌 가치를 생생하게 높임으로써 꽃 문화가 친근하게 자리잡도록 하는 데 제법 큰 기여를 하고 있다.

꽃집의 명품화라니? 꽃 선물하면 장미꽃다발이나 화환을 떠올리는 사람들로서는 이런 의문이 떠오를 수도 있겠다. 하지만 이들 브랜드 꽃집의 꽃들은 확실히 다르다. 라넌큘러스, 리시안셔스, 작약, 델피니움, 무스카리, 수국, 알륨, 아마릴리스……. 이름도 다양한 상품(上品)의 꽃들을 적절히 세팅하여 고급스런 화기나 포장지에 담아낼 뿐 아니라 소비자의 취향과 스타일을 완벽하게 고려하는 것을 최우선으로 삼는다. 당연히 소비자들의 선택의 폭이 넓어질 수밖에!

》 꽃집에 간판 대신 브랜드를 달다

그녀가 대학 졸업 후 다닌 광고회사 비서실에는 외국인이 자주 드나들었다. 자연스레 비즈니스를 위한 파티가 종종 열리곤 했는데 문제는 꽃 장식이었다. 근처 꽃집에서 지금까지 해 왔던 꽃꽂이를 감각있는 오너가 싫어했기 때문이다. 할 수 없이 농양 꽃꽂이 7년의 숨은 실력을 가졌던 그녀는 평소 고전적인 방식에서 탈피하고 싶었던 자신의 꽃 스타일을 살려보기로 했다. 큰 수반이나 요란한 장식대신 작고 향기로운 꽃으로 자연스러운 분위기를 연출하는 것이었는데, 오히려 그것이 외국바이어들의 감탄을 자아내게 했다.

동양 꽃꽂이를 배운 그녀였지만 깔끔하고 자연스러운 유럽풍의 디자인을 어느새 선호하고 있었던 것이다. 그리고 이 경험을 살려 퇴사 후에 '그린 플라워'라는 이름의 플라워 숍을 잠시 운영하기도 했다. 그러던 중 광고 일을 하던 남편이 '외국 문화를 모르고서 어떻게 광고며 꽃을 하겠느냐'고 제안해 뉴질랜드로 떠나게 되었고, 그 곳에서 4년 반을 지내게 된다.

천혜의 자연환경을 지닌 뉴질랜드. 그 곳에는 곳곳에 눈이 휘둥그레질 정도로 아름다운

꽃들이 즐비했다. 그녀는 두 아이들을 키우며 플로리스트 전문학교를 다니는 등 좋아하는 꽃과 함께 여유로운 시간을 보낼 수 있었다. 간간이 파티의 꽃 데커레이션을 주관하는 일도 뉴질랜드 생활을 즐겁게 하는 일이었다.

그리고는 다시 뉴욕으로 갔다. 뉴질랜드의 전원적인 꽃 스타일을 알았으니 이제는 뉴요커들이 즐기는 도시적인 꽃 스타일도 알고 싶었던 까닭이다. 게다가 한국에 돌아가면 언젠가 플로리스트 교육 관련 사업도 해 볼 참이었으니 반드시 거쳐야 할 과정이었다. 그녀는 뉴욕의 파슨스 디자인 학교에 들어갔다. 그 곳에서 플로럴 과정을 공부하며 특히 스쿨제도가 어떻게 운영되는지 주의 깊게 살펴보았다.

한국에 돌아온 후 얼마 안 있어 그녀는 청담동에 카페 소호 앤 노호(Soho&Noho)를 오픈했다. 그때가 1998년 10월이었다. 뉴욕 맨하탄에 있는 문화의 거리 Soho와 Noho의 자유스럽고 개성적인 분위기가 좋아서 이름 붙인 이곳은 특히 영화 '정사'의 촬영 장소로 유명하다. 뉴질랜드에서 카페테리아를 해 본 경험을 살려 시작했는데 이국적인 분위기의 카페도 카페지만 사람들에게 깊은 인상을 준 것은 바로 꽃이었다. 카페 안을 장식한 플라워 데커레이션이 매우 특별한 느낌을 주었던 것이다. 그녀만의 감각으로 연출한 꽃이 사람들의 발길을 자꾸만 그곳으로 향하게 했다. 그 때부터 그녀는 단골 고객을 중심으로 꽃 주문을 받기 시작했고 점점 그 주문이 늘어 본격적으로 논현동에 플라워 스튜디오와 스쿨을 열게 된다. 물론 이름은 소호 앤 노호였다. 꽃으로 더 유명해진 이곳의 이미지를 살려 차라리 브랜드화 시키고자 한 것이다. 불과 2~3년 사이에 일어난 일이었다.

> ≫ 꽃 대신 꽃에 담긴 컨셉트를 팔다

소호 앤 노호의 꽃에는 특별한 컨셉트가 있다. 특히 주로 장례식장에서 볼 수 있었던 화이트와 그린 컬러를 새롭게 해석하는 것이 이 곳의 특징이다. 또한 깨끗하고 자연스러운 것을 중요시하기 때문에 기교 부리는 것을 되도록 절제하여 그 느낌이 세련되고 심플하다.

"무엇보다 고객을 배려한다는 점에 브랜드 숍이 가지는 차별화가 있다고 생각해요. 어디에 어떻게 쓰일 것인지를 상담해서 분위기에 맞게 스타일을 만들어 줘요. 예를 들어 가는 곳이 연주회장인지 결혼식장인지, 입고 가는 옷은 무엇인지, 또 어떤 사람에게 선물할 것인지에 따라 꽃이 달라지죠. 결국 나만이 가지고 싶고 나만이 선물할 수 있는 꽃을 만드는 거예요."

사람들의 감성코드, 끊임없이 변하는 트렌드, 그리고 계절이 주는 느낌 등을 꽃을 통해 표현하는 것 그래서 소비자들로 하여금 보다 새롭고 다양한 꽃들을 선택할 수 있도록 하는 것 이것이야말로 브랜드 숍이 추구하는 기본 마인드다.

by 이혜경

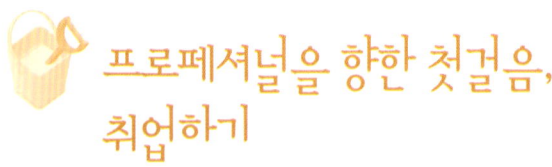# 프로페셔널을 향한 첫걸음, 취업하기

예비 플로리스트에게 취업은 진정한 프로페셔널이 되기 위해 내공을 쌓는 단계라 할 수 있다. 아무리 대학과 플로리스트 학원을 졸업하고 자격증을 땄다고 해도, 현장에서의 실무경험이 없다면 본인의 실력을 제대로 쌓고 또 인정받기가 어렵다. 이것은 창업을 하더라도 마찬가지다. 보다 안정적으로 경영하기 위해서는 성공 궤도를 달리고 있는 플라워 숍에 취업하여 경험을 쌓는 과정이 중요하다. 직원으로 일하면서 간접적으로나마 배우게 되는 운영 전략과 경영 노하우는 창업을 하는 데 든든한 반석이 되어 줄 것이다.

예비 플로리스트가 취업할 수 있는 곳은 다양하다. 대표적인 곳으로는 개인 플라워 숍과 화훼장식 소재를 제조·판매하는 업체, 웨딩플래너 및 웨딩관련업체, 조경회사, 호텔 등을 들 수 있다. 이 중에서 예비 플로리스트들이 가장 많이 취업하는 곳은 실무적인 감각을 익히는 데 제격인 플라워 숍이다. 꽃에 물 올리는 작업과 다듬고 장식하는 일, 흙을 만지고 무거운 화분을 옮기는 일, 고객을 상대하는 일 등 플로리스트가 실질적으로 하는 전반적인 작업에 대해 배울 수가 있다.

취업은 다양한 경로를 통해 이루어지지만 알아둬야 할 것은 플로리스트 과정을 마쳤다고 해서 무조건 되는 것은 아니라는 점이다. 원하는 곳에 취업하고 싶다면 그것을 얻으려는 여러 가지 노력이 뒤따라야 한다. 가령 이력서나 자기소개서에 자신을 홍보할 수 있는 요소를 어떻게 갖출 것인지에 대해 고민해야 한다. 각종 자격증이나 수료증, 혹은 외국어와 관련된 경력 등을 얻는다거나 틈틈이 그동안 디자인한 작품으로 포트폴리오를 작성해 둔다면 자신의 가치를 높이는 데 도움이 될 것이다.

또 요즘에는 플라워 숍에서 이왕이면 사무적인 능력도 함께 갖춘 사람을 원하는 경우가 많다 따라서 엑셀(Excel)이나 포토샵(Photoshop)과 같이 꽃 이외의 다양한 실력을 쌓아두는 것이 좋다.

특히 취업하려는 곳이 호텔이나 웨딩업체일 경우에는 직원채용을 인사관리부서에서 담당하기 때문에 이력서와 자기소개서 준비를 좀 더 세심하고 꼼꼼하게 해야 한다.

이왕 말이 나왔으니 한 호텔의 입사 전형을 예로 들어 보겠다. 비록 하나의 한정된 업체이긴 하지만, 취업을 준비하는 데 있어 작은 참고가 될 것이다. A 호텔의 경우, 어시스턴트를 뽑을 때 서류 전형과 실기 시험, 면접을 거치는데, 실기 시험은 20여 가지 꽃들 중에서 4가지만 선택해서 '4월의 신부'에게 어울리는 부케를 만들도록 했다. 이때는 호텔이라는 특성을 염두에 두어 트렌디한 감각과 순발력을 최대한 발휘해 작품을 만들어 내야 한다. 더불어 호텔의 직원으로 채용되는 것이기 때문에 면접 때 인성과 서비스 마인드를 충분히 어필할 수 있도록 노력해야 한다. 자, 이제 예비 플로리스트가 어떻게 취업할 수 있는지, 그 방법에 대해 살펴보도록 하자.

다니는 교육기관을 통해 취업하기

플로리스트 관련 학과에 다니는 학생들은 학과로 들어오는 구인 문의를 통하거나 학과 교수님의 추천으로 취업하는 일이 많다. 학과 선배들이 근무하면서 얻은 정보나 인맥을 통해 후배들에게 구인 정보를 주기도 한다. 학생에 따라서는 플라워 디자인에 관한 내용을 더 배우기 위해 학교를 졸업한 후 다시 플로리스트 학원에 등록하는 경우도 많다. 대학에서는 학과 내용이 원예와 학문적인 지식 위주로 구성되어 있는 경우가 많기 때문이다.

학원에서 플로리스트 과정을 수료했다면 학원 재량으로 취업 자리를 알선해 주는 경우도 많다. 관련 사업체에서 학원으로 구인 문의가 들어오면 학생과 연결시켜 주는 식이다. 요즘엔 학원 인터넷 홈페이지에 구인·구직 코너를 따로 마련해 놓아 취업 정보를 주기도 한다.

인터넷 사이트를 통해 취업하기

인터넷에는 플로리스트 관련 카페와 클럽 등 사이트들이 여러 개 있다. 다음(Daum) 카페 '꽃사랑' (http://cafe.daum.net/leeflower)과

'플로리스트들'(http://cafe.daum.net/artflowers), 싸이월드의
'해피플라워월드'(floweredu.cyworld.com) 등이 그 대표적인 것
들이다. 플로리스트들이 서로 다양한 정보와 지식을 나누며 공유하
는 공간인 이곳에는 구인과 구직을 위한 콘텐츠가 따로 마련되어 있
다. 따라서 아르바이트를 포함한 초보와 경력자들의 다양한 구인,
구직 정보가 활발히 교류되고 있어 예비 플로리스트들이 자주 찾고
있다.

강습받던 개인 플라워 숍에 취업하기

개인이 운영하는 플라워 숍에서 강습을 받다가 직원으로 채용되
는 일도 종종 있다. 개인 플라워 숍은 3~4명의 소수정예로 강습이
이루어지는 일이 많아 숍을 운영하는 사람으로서는 가까이에서 강
습생의 여러 가지 면모를 파악하기가 쉽다. 만일 강습생 중에 재능
이 남다르고 성실한 사람이 있다면 직접 '프로포즈'를 하기도 한다.
반대로 강습생 쪽에서 일하기를 희망할 수도 있을 것이다.

직접 발품 팔아 취업하기

본인이 정말로 일하고 싶은 사업체일 경우에는 이력서를 들고 직
접 찾아가기도 한다. 이는 특히 플로리스트 관련학과 졸업생들이 종

종 쓰는 방법으로 방학 기간 동안의 실습 기회를 이용하는 것이다. 방학 기간에 플라워 숍이나 호텔 등에서 아르바이트를 하게 되면 실습 학점을 얻을 수 있는데, 이렇게 인연을 맺었던 곳에 직접 구직 신청을 하기도 한다.

마음 속에 플로리스트를 향한 목표를 세웠다면 이제 배움을 위해 본격적인 발걸음을 떼어야 한다. 어느 방향으로 얼마만큼의 걸음을 떼야 할까? 나에게 가장 알맞은 교육 기관을 찾기 위해서는 가급적 다양한 정보들을 세세히 살펴봐야 한다. 그러다 보면 학원이든 대학이든 혹은 유학이든, 가야 할 방향과 또 순서가 선명하게 그려지는 순간이 보일 것이다.

사설학교와 칼리지는 각각 장단점이 있기 때문에 코스를 선택할 때 신중해야 한다. 단기간 고급과정의 집중적인 실기를 원한다면 사설학원을, 비교적 장기간 이론과 실기수업을 꼼꼼히 받으려면 칼리지를 선택하는 것이 좋다.

플라워 디자인을 배울 수 있는 교육기관 리포트

현지 감각을 배울 수 있는 해외 교육기관

우리나라 사람들이 유학을 희망하는 대표적인 나라는 영국과 독일, 네덜란드, 미국, 일본 등 선진국이 대부분이다. 모두 플라워 디자인 분야에서 세계적으로 인정받는 나라들이다. 이중 영국은 제인 패커, 폴라 프라이크 등 높은 인지도를 가진 유명 사설스쿨들이 많아 단기연수까지 포함해 인기가 많다. 영국은 세계에서 가장 큰 꽃시장을 이루고 있는 유럽에 위치해 있다는 점, 학기 중에 세계적인 플라워 쇼나 박람회를 볼 수 있다는 점, 또 아르바이트를 통해 유럽 꽃 문화와 꽃 시장을 가까이서 보고 경험할 수 있다는 점 등 좋은 조건들을 두루 갖추고 있다. 프랑스도 플라워 디자인이 발달해 있지만, 언어의 장벽이 높은 탓인지 실질적으로 유학이 이루어지는 경우는 그다지 많지 않은 편이다.

미국은 약 10만 명의 플로리스트가 활동 중인 만큼 화훼산업이 잘 발달되어 있고 교육기관도 안정된 편이다. 전국적으로 여러 대학에 원예와 화훼에 관한 교육 프로그램이 마련되어 있는데, 프로그램을 이수한 후에는 수료증과 이수증명서를 자체적으로 발급해 준다. 그런데 미국의 전문 칼리지나 대학교의 수업은 원예가 주가 되는 경우가 많다. 이럴 경우 플로리스트 과정은 그 안에 부분적으로 포함되게 된다. 따라서 플라워 디자인 위주로 공부하려 할 때는 이런 과정이 잘 맞지 않을 수도 있으니 미리 살펴보는 것이 좋다.

또 나라와 학교마다 입학 조건과 전형방법이 조금씩 다른 편이고 학비 또한 차이를 보인다. 그렇기 때문에 자신에게 맞는 교육 커리큘럼과 특성을 가지고 있는 교육기관이 어떤 곳인지 꼼꼼히 살펴보고 신중하게 선택해야 할 것이다.

영국

● Writtle Collage

110년의 역사를 자랑하는 학교로 영국에서 조경, 원예, 플로리스트리로는 가장 규모가 크다. 오랜 전통을 바탕으로 한 다양한 프로그램과 함께 40여 개의 가든과 식물 재배지를 갖추고 있다. 특히 유학생들에게 영어 교육을 실시하거나 파티를 주최하는 등 유학생들을 위한 프로그램이 잘 편성되어 있는 것이 특징이다. 또 이 학교의 학사 및 석사·박사 과정을 마치면 영국 10위권 안의 University of Essex에서 인증하는 학위를 수여받을 수 있다.

이 학교의 플로리스트 코스로는 준학사 과정(2년)과 학사 과정(3년)이 있으며 각 과정이 서로 연결되어 있다. (준학사 2년 과정 후에 마지막 1년을 공부하면 학사가 나온다. 참고로 영국은 학사가 3년제이다) 준학사 과정에는 런던 꽃 시장, 도메시징, 무역박람회, 전시회 등을 방문·관람할 수 있다. 또 원하는 학생들은 저렴한 비용으로 네덜란드, 벨기에 등지의 관련 장소 탐방이 가능하다. 코스를 마치게 되면 국가자격증 시티 앤 길즈(City & Guilds) 자격증을 받게 된다. 비용은 각 코스 당 약 7,200~8,000파운드 정도이며(시티 앤 길즈 과정 별도) 코스에 따라 개별 인터뷰를 한다.

☎ 01245 424 200 / http://www.writtle.ac.uk

● Southwark College

런던 중심에 위치한 30여년의 역사를 가진 칼리지로 런던에서 유명한 플로리스트의 상당수가 이곳을 졸업했다. 가장 기초적인 코사지 만들기를 시작으로 웨딩부케, 파티장식, 교회장식, 부활절, 크리스마스, 장례식 등 시즌과 행사에 따른 전 과정을 꼼꼼하게 가르친다. 학점은 매 시간 완성된 작품을 교수가 체크하고 학기말 실기시험 점수에 그동안 제출한 리포트 점수를 포함시킨다. 특히 매달 특정 주제로 제출해야 하는 리포트 분량이 상당하다. 외국인 지원자에게 5.5이상의 IELTS 점수를 요구하고, 영어가 부족한 학생들은 학교에서 제공하는 EFL프로그램 이후 수업에 참가하게 되거나 또는 병행할 수 있다. 프로그램으로 Floristry National Cert Fast(1년)와 Floristry Advanced National Certificate(1년) 등이 있으며 비용은 연간 약 4,185파운드가 소요된다.

☎ 020 7815 1600 / http://www.southwark.ac.uk

● Oaklands Collage

런던에서 북쪽으로 20분 떨어진 Hertfordshire에 위치한 오클랜즈 칼리지는 영국 내에서 가장 큰 직업 전문 칼리지 중 하나이다. 이 지방은 쇼핑, 문화, 관광 등이 발달되어 아르바이트를 원하는 학생들에게 좋은 조건이 되고 있다. British Council로부터 인증된 학교로 영어코스(EFL)를 마친 뒤 플로리스트 학과로 바로 입학이 가능하다. 영어 코스로는 주당 15시간과 19시간의 프로그램이 있으며 이 중 19시간 코스는 일주일에 4시간의 IELTS 시험 과정이 포함된다. 플로리스트 코스는 2년 과정의 City & Guilds Level 2/3 National Certificate in Floristry와 2년 과정의 BTEC Level 3 National Diploma in Floristry가 있다. 비용은 두 과정 모두 1년에 약 5400파운드이며 입학조건은 IELTS 5.0이상이다.

☎ 01727 737 000 / www.oaklands.ac.uk

● Plymouth College

나라에서 운영하는 칼리지로 플로리스트 과정에서 수준 높은 교육을 제공한다. 2005년 우리나라의 '교육 저널리스트'들도 직접 방문해 우수한 교육과정을 확인한 바 있다. 특히 학교 주위에 있는 에덴 프로젝트(Eden Project)는 세계 최고이자 최대 규모의 정원을 설계해 놓은 곳으로 플로리스트 과정뿐만 아니라 가든 디자인, 원예수업에 있어서도 좋은 환경을 갖추고 있다. Advanced National Certificate와 Level 2/3(각각 1년, 2년) 과정이 있으며 수업료는 1년에 약 4,750파운드이다. 입학조건은 IELTS 5.0 이상이어야 하는 데, 어학 연수를 선행할 경우 영어점수 없이도 입학이 가능하다.
* 영어와 플로리스트 과정을 함께 배우는 English Plus 코스도 있다.

☎ 01752 305 300 / http://www.pcfe.ac.uk/

● Bournemouth & Poole College

　Bournemouth & Poole College는 영국 최고의 관광 및 수상 스포츠 도시인 잉글랜드 남부의 Bournemouth 와 Poole 도시에 위치해 있다. 지역사회 규모가 크고, 생활비도 저렴해서 유학 생활에 적합한 도시이며, 공부와 아르바이트를 병행하면서 생활하기에 가장 이상적인 도시 중 하나이다. Bournemouth & Poole College는 영국 전역에서 가장 크고 인지도 있는 국립 칼리지로 전 세계 40여 개국 이상의 나라에서 온 학생들이 공부하고 있다. 또한 유럽의 다른 나라들과 London으로 통하는 교통이 편리하다. 매년 개최되는 세계 최고 권위의 첼시 플라워 쇼(Chelsea Flower Show)에 참가하는 학교이며, 해마다 플라워 디자인 분야에서 수상을 하는 권위 있는 플로리스트 과정을 제공하고 있다. 국가 자격증 과정과 준학사 과정이 있다. 영국에서 가장 저렴한 학비로 4,200파운드다.

☎ 01202 205 342 / http://www.thecollege.co.uk

● Constance Spry Flower School

영국 플라워 어레인지먼트의 새로운 지평을 연 Constance Spry에 의해 설립된 학교로 왕실의 결혼, 장례식 등 각종 이벤트 때 플라워 데커레이션을 맡아해왔을 만큼 권위가 있다. 뿐만 아니라 유학생이 전체 학생의 90%를 차지할 정도로 국제적인 명성이 높다. 반면 이렇게 오랜 역사와 인지도를 지니는 대신 상대적으로 디자인은 클래식한 스타일을 많이 강조하는 편이다.

플로리스트 프로그램으로는 2주 단기과정의 Spry Style(약 1,756파운드)과 4주 과정의 Foundation Course(약 3,507파운드), 6주 과정의 Diploma Course(약 12,631파운드), 16주 과정의 Certificate Course(약 9,194파운드) 등이 있다. 각 코스는 테마와 목적, 기간별로 세분화되어 있으며 모든 과정에서 중급 이상의 영어 실력이 요구된다. 소규모 클래스 3, 4개가 운영되어 학생 수가 적은 것이 특징이며 학교 내에 비용이 저렴한 기숙사를 갖추고 있어 학비가 비싼 반면 생활비는 많이 들지 않는 편이다. 우리나라 학생들의 경우 특히 Certificate Course를 가장 많이 듣는데, 이 코스는 데커레이션, 웨딩, 장례 등으로 구성되어 있고 리포트 제출과 필기, 실기 시험을 통과해야 자격증을 받을 수 있다.

☎ 01252 734477 / http://www.constancespry.com

● Jane Packer Flower School

자신의 이름을 세계적인 플라워 숍 브랜드로 만든 영국의 유명 플로리스트 제인 패커가 만든 플라워 디자인 학교로 영국 런던에 위치하고 있다. 소박미와 자연미를 중시하는 영국 스타일을 추구하면서도 다양한 소품을 적극 활용하여 독창적이고 신선한 디자인을 제안하는 것이 특징이다. 하루 동안 크리스마스 데커레이션이나 테이블 장식을 가르치는 코스에서부터 2주간의 웨딩플라워 코스, 한 달간의 전문가 과정 등 고급 플로리스트 기술에 이르는 다양한 프로그램을 제공한다. 또한 연중 워크숍에 참여할 수 있는 기회가 제공되어 학생들로 하여금 새로운 스타일과 유행을 익힐 수 있게 하고 있다.

플로리스트 프로그램으로는 4주 과정의 Career Course(약 3,700파운드)와 1주 과정의 Decorating(약 1,300파운드), 1주 과정의 Advanced Bridal (약 950파운드), 그리고 초보자를 위한 3Day Hand Tied (약 525파운드) 등이 있다.

☎ 020 7486 1300 / http://www.jane-packer.co.uk/

● Paula-Pryke

세계에서 가장 혁신적인 플로리스트로 두각을 나타내고 있는 폴라 프라이크가 1994년에 개설한 플라워 스쿨. 다양한 스타일과 다채로운 컬러가 돋보이는 폴라 프라이크는 주로 내추럴한 스타일을 추구하는 곳으로 강한 보색 대비나 스케일이 큰 작업을 배우는 데 도움이 된다. 특히 한국 플로리스트들 사이에서는 색감을 잘 디자인하는 것으로 유명하다. 수업은 가을, 겨울 코스로 준비되어 있는데, 가을 코스로는 1일 Hand-Tied Course(약 275파운드)와 집중 코스인 4일 Intensive Course(약 1,195파운드)가 있다. 이밖에 겨울 코스는 18개의 디자인 아이템을 배울 수 있는 8일 Professional Course(약 2,500파운드)가 있다.

☎ 0207 837 7373 http://www.paula-pryke-flowers.com

● MC QUEENS

맥퀸스는 1991년 플라워 숍에서 시작한 이후 단기간에 세계적인 플로리스트 교육기관으로 발돋움하게 되었다. 그만큼 강사진들의 수준과 플라워 디자인 실력을 인정받는 학교로 세계 곳곳에서 온 학생들이 자신만의 스타일을 개발하고 현대적 감각의 다양한 스킬을 배울 수 있도록 도와준다. 현재 유명 명품 숍과 호텔의 디스플레이를 주관하고 셀러브리티들을 주 고객으로 두고 있다. 런던 시내에 위치하고 있기 때문에 영국을 포함한 유럽뿐 아니라 세계의 플라워 디자인 트렌드를 쉽게 접할 수 있다는 장점이 있다. 수업을 마친 학생들에게는 유명 플라워 숍에서 일할 수 있는 "유급 인턴쉽" 프로그램을 제공한다. 수업 과정으로는 Professional Course (6주)가 있는데 웨딩과 부케를 비롯해 인테리어, 디스플레이, 고객관리를 중심으로 현장실습수업을 진행한다. 또한 한국에서 기초 과정을 이수한 후 영국에서 트렌드를 익히는 한국 연계 프로그램도 실시하고 있다.

☎ 0207 7251 5505 / http://www.mcqueens.co.uk

영국 칼리지와 사설학교의 차이점 *

영국에서 플라워 디자인을 공부할 수 있는 교육기관으로는 칼리지와 일반 사설학교가 있다. 사설학교는 보통 하루, 일주일, 한 달, 그리고 22주 코스 등으로 단기간이며 실습 위주의 고급 과정을 집중적으로 교육한다. 이에 비해 칼리지는 1년이나 2년 코스로 실습뿐만 아니라 비즈니스와 매니지먼트 과정을 같이 배우게 된다.

사설학교와 칼리지는 각각 장단점이 있기 때문에 코스를 선택할 때 신중해야 한다. 어느 정도 경력이 되면서 단기간 고급 과정의 집중적인 실기를 원하면 사설학교를, 플로리스트 과정에 처음 입문하면서 비교적 장기간 이론과 실기 수업을 꼼꼼히 받으려면 칼리지를 선택하는 것이 좋다. 칼리지의 경우 풀타임(Pull Time) 학생들은 학생비자를 받아 합법적인 아르바이트를 할 수 있고, 졸업을 하면 국가에서 인정하는 자격증도 받을 수 있다. 다만 졸업 후 취업을 하려면 영국에서 학사 이상의 학위를 받아야 가능하다. 따라서 현지 취업을 원한다면 원예나 조경 쪽으로 학위를 이수해야 한다.

사설학교 중에 단기 과정을 이수하면 현지에서 인턴십을 100% 보장하는 학교도 있다. 대부분의 사설학교들은 아카데미 이전에 플라워 숍으로 시작해서 세계적인 명성을 얻은 후에, 아카데미를 개원한 경우가 많다. 때문에 고객들의 요구를 100% 이상 충족시키는 디자인 수업을 제공하므로 칼리지보다 고급의 디자인 스킬을 교육한다.

네덜란드

● Boerma Institute

네덜란드에서 유일한 인터내셔널 플라워디자인 학교로 세계에서 제일 큰 알스미어(Aalsmeer) 화훼경매장으로부터 불과 1500m 떨어진 곳에 위치해 있다. 꽃과 관련해 100여년의 역사를 지닌 보어마 가문의 꽃에 대한 애정과 교육은 보어마를 유럽 전역과 일본 등지에 잘 알려진 유명한 학교로 만들어 놓았다. 교육 과정으로는 1주 과정의 Professional Dutch Floral Design Certificate Course(1,950유로)와 2주 과정의 Professional Dutch Floral Design Certificate Course(1,800유로), 6주 과정의 Professional Dutch Floral Design Diploma Course(5,300유로) 등이 있다. Professional Dutch Floral Design Diploma Course의 경우 하루 5시간 수업으로 총 30일간 레슨이 진행된다. 실기 시험을 거쳐 프로그램을 성공적으로 마친 학생에게는 Boerma Institute Professional Floral Design Diploma가 수여되며, 그렇지 못할 경우에는 같은 이름의 Certificate가 주어진다. 이밖에 2일, 5일 과정의 크리스마스 및 웨딩 코스 등도 마련되어 있다.

☎ +31 - (0)20 - 441 53 06

http://www.boerma.nl/index.htm

미국

● Floral Design Institute

1969년에 설립된 Floral Design Institute는 매년 1000명 이상의 학생들을 배출하는 규모 있는 사설학교로 Portland, Oregon, Seattle, Washington에 캠퍼스를 두고 있다. Basic Floral Design 코스(3주)와 Advanced Floral Design 코스(5일), Advanced Wedding Design 코스(3일)가 가장 대표적인 과정. 이외에도 Business Classes, Special Training/Consulting 등을 비롯한 다양한 단기코스 과정도 개설되어 있다. Basic Floral Design코스의 경우 Wire and Taping Technique, 꽃 디자인, 신부부케, 꽃 관리, 가격측정, 칼라, 바구니/풍선 장식, 조경, 인테리어, 세일즈/마케팅/경영과 함께 포틀랜드, 시애틀의 꽃 시장 견학 등이 포함된다. 학비는 약 $1050.00US 정도.

☎ 1-800-819-8089 / http://www.floraldesigninstitute.com/

● Lake Washington Technical Collage

Lake Washington Technical Collage는 100개 이상의 Degree와 Certificate 코스를 제공하는 규모 있는 칼리지로 정부의 지원을 받는 단과대학이다. 50년 이상의 전통을 가졌고, 직업 전문

과정으로 특화되어 있는 게 특징이다. 관련과정으로는 Floristry코스(6개월)가 있는데 여기에서 웨딩, 장례, 이벤트 등의 프로페셔널한 꽃 디자인을 클래식과 현대 모두의 기법으로 배우게 된다. 이와 함께 판매, 서비스, 식물학, 식물관리, 마케팅, 메니지먼트, 매장관리 등의 내용도 함께 배운다. 이 과정을 배운 후에는 원예학 쪽으로 학사과정이 가능하다. 학비는 약 $3,900 정도로 저렴하고, TOEFL 157(CBT)/480(PBT)의 입학 자격을 필요로 한다.

☎ 425-739-8100 / http://www.lwtc.ctc.edu

● Texas A&M University

농업 및 공학 분야에서 미국 최고 수준을 자랑하는 종합 대학. 원예학과(Department of Horticulture)에 45명의 정교수를 보유하고 있을 만큼 규모도 크고 명성도 뛰어나다. 화초학(Floriculture)과 원예학(Horticulture) 두 전공 분야에서 학사(4년), 석사(2년), 박사(4년) 과정을 제공한다. 이와 함께 일반적인 화훼뿐만 아니라 종묘, 과실, 견과, 채소, 곡식 등 모든 원예 산업 전반에 대해서도 연구, 개발, 교육하고 있다.

학과 소속의 플라워 디자인 전문 교육 기관인 Benz School of Floral Design은 미국 최초로 단기 프로그램을 개설한 곳으로 봄,

여름에 걸쳐 2주간의 집중 플라워 디자인 프로그램을 제공한다. 한 클래스 당 인원을 20명으로 제한해 충실하게 수업이 진행되도록 하고 있다. 이곳에서 색채학, 플라워 숍 경영, 코사지, 웨딩 플라워, 꽃바구니, 꽃병, 유럽풍 테이블 장식, 파티 장식 등을 공부하게 된다. 학위 과정 입학 시에는 토플 550점 이외에도 신입생은 SAT, 대학원생은 GRE 시험 성적이 요구되지만 2주 과정 입학 시에는 특별한 제한 조건이 없다. 학사과정의 경우 비용은 연간 약 $12,000, 대학원 과정의 경우 약 $8000 정도이며, 2주 과정은 약 $840 정도이다.
☎ 979-845-8300 / http://www.tamu.edu

일본

● 플라워 디자인 전문학교

1992년에 개설된 전문교육기관. 1998년에 학교법인 동경조형예술학원의 설립에 따라 전문학원의 인가를 받게 되었다. 꽃의 조형 분야를 플라워디자인과 정원디자인의 2코스로 나눠 각각의 전문가를 양성하고 있다. 철저한 실기지도를 통해 플라워 디자인의 기초부터 기술을 습득할 수 있도록 프로그램을 실시하고 있다. 일본의 전통 꽃꽂이 외에 유럽피안 플라워 수업이 필수 과목으로 편성되어 있는 것이 특징. 이를 통해 동양과 서양의 조형이론과 실기를 동시에 배우게 된다. '플라워 디자인 코스'에서는 일본 플라워 디자이너 협회에서 인정하는 플라워 디자이너 검정과 문부과학성 인정 색채능력검정을 취득할 수 있고, '정원디자인 코스'에서는 색채능력검정을 취득할 수 있다.

세계 최첨단의 센스와 기술을 익힐 수 있도록 매년 세계에서 활약하고 있는 톱디자이너를 초빙하여 특별 수업을 받고 있다. 또한 매년 12월에는 유럽을 중심으로 세계에서 활약하고 있는 디자이너의 아틀리에를 방문하여 지도를 받는 등의 해외연수도 실시하고 있다. 교육 과정으로 플라워 디자인 본과(2년)와 플라워 디자인 조형과(1년)가 있으며 비용은 각 930,000엔 정도이다.

☎ 03-3200-8717/ www.flower.ac.jp

● 동경 테크노홀티 원예전문학교

테크노홀티 원예전문학교는 원예를 뛰어넘어 빅 산업으로 성장한 '꽃과 녹색의 비즈니스'에서 활동할 수 있는 실력과 인재 육성을 목표로 하고 있다. 학교 내에 플라워 숍을 설치하여 디자인을 몸에 익히면서 손님에 대한 매너와 점포 경영 등을 배울 수 있도록 하고 있는 것이 특징. 또한 배운 지식이나 기술을 실제 현장에서 활용할 수 있도록 실습 농장도 준비되어 있다. 과정으로는 플라워디자인 경영 코스, 꽃의 생산 재배 코스, 조원·녹화 코스 등 3개가 있고, 이 과정을 통해 재배방법에서 판매, 정원 만들기, 어레인지까지 꽃과 나무 전반에 대해 꼼꼼히 배우게 된다. 이 중 플라워디자인·경영 코스(2년, 1년 과정)를 배울 수 있는 플라워비즈니스 학과의 경우 학비는 입학금과 실험·실습비 포함해서 1년에 약 1,150,000엔 정도이다. (재료비 별도)

☎ 03-3292-0754 / www.ito.ac.jp

※ 외국 교육기관 자료_ 2007년 기준

이론 중심의 교육을 배울 수 있는 정규대학 및 학점 은행제

요즘 들어 대학에 플로리스트 관련학과가 부쩍 늘고 있는 추세이다. 불과 얼마 전까지 화훼 관련이라면 원예학과가 전부였던 것과는 사뭇 다른 분위기다. 특히 4년제와 대학원까지 관련학과가 만들어지고 있어 플로리스트에 대한 사람들의 높은 관심을 짐작해 볼 수 있다.

대학에서의 교육은 학과마다 주력하는 내용이 조금씩 다르다. 때문에 무엇을 목표로 공부할 것인지 방향을 먼저 잡은 후에 선택하는 것이 좋다. 또한 학원과 병행해서 공부하는 경우가 많으므로 이것 역시 염두에 두면서 결정해야 할 것이다.

● 전문대학

계명문화대학 웰빙원예 · 골프코스관리과
http://www.keimyung-c.ac.kr

계원조형예술대학 화훼디자인과
http://www.kaywon.ac.kr

구미대학 원예조경전공
http://www.kumi.ac.kr

신구대학 식물응용과
http://www.shingu-c.ac.kr

우송정보대학 플라워코디 · 조경과
http://www.woosonginfo.ac.kr/

익산대학 환경원예디자인과
http://www.iksan.ac.kr/

청강문화산업대학 플로랄 디자인과
http://www.chungkang.ac.kr/

전남과학대학 화예원예과
http://www.chunnam-c.ac.kr

천안연암대학 화훼장식계열
http://www.yonam.ac.kr

한국농업전문학교 화훼학과
http://www.kn.ac.kr/

● 4년제 대학

건국대학교 원예과학과
http://www.konkuk.ac.k

경상대학교 원예학전공
http://www.gsnu.ac.kr

공주대학교 원예학과
http://www.kongju.ac.kr

나사렛대학교 플라워 디자인학과
http://www.kornu.ac.kr/index.htm

단국대학교 관상원예학전공
http://www.dankook.ac.kr

대구대학교 도시원예학전공
http://www.daegu.ac.kr/kor/index.asp

대구카톨릭대학교 플라워디자인과
http://www.cataegu.ac.kr

부산경상대학 플로리스트과
http://flower.bsks.ac.kr/index.jsp

삼육대학교 환경원예디자인학부
http://with.syu.ac.kr/

국립상주대학교 환경원예학과
http://www.sangju.ac.kr

서울시립대학교 환경원예학과
http://www.uos.ac.kr

서울여자대학교 사회원예학전공
http://www.swu.ac.kr

순천대학교 원예학전공
http://www.sunchon.ac.kr

영남대학교 원예학과, 조경학과
http://www.yeungnam.ac.kr

전남대학교 원예학전공
http://altair.chonnam.ac.kr/~horti/

서원대학교 화예디자인학과
http://www.seowon.ac.kr/

진주산업대학교 원예학과
http://www.chinju.ac.kr

충남대학교 원예학전공
http://horti.cnu.ac.kr/wonye/

● 대학원

숙명여자대학교 디자인대학원 화예디자인전공
http://sookmyung.ac.kr/~gsd/gsd_s05_1.html

수원대학교 미술대학원 화예조형학과
http://www1.suwon.ac.kr/~desg/

경희대학교 아트퓨전디자인대학원 스페이스 디자인학과
디스플레이&플로릴 디자인 전공
http://www.kyunghee.ac.kr/m4/s2/f16_1.html

단국대학교디자인 대학원 관상원예학
http://www.dankook.ac.kr/

● 학점은행제

경희대 평생교육원 화예학 전공
http://ice.khu.ac.kr/

이화여대 평생교육원 화예학 전공
http://home.ewha.ac.kr/~sce

인천대 인천시민대학 화예원예전문관리사
http://www.cecui.com/

체계적인 교육과정을 접할 수 있는 플로리스트 학원

예전에 도제식으로 배웠던 교육 분위기와는 달리 지금은 학원의 플로리스트 과정이 실습은 물론 이론적인 면에서도 매우 체계화되어 있다. 뿐만 아니라 전국적으로 많은 수의 플로리스트 학원이 설립되고 있어 선택의 폭은 더욱 넓어지고 있다.

학원에서의 플로리스트 과정은 대개 1년~1년 반 과정으로 각각 다르다. 이보다 적은 기간을 배우는 곳도 있긴 하지만 대부분 기본 입문과정은 1년 정도이다. 이 기간 동안 이론과 실기를 병행한 체계적인 교육으로 플라워 디자인 과정과 화훼장식 자격증 취득을 위한 교육까지 전반적인 교육을 받도록 구성하고 있다. 또한 대개 1년 정도의 과정을 마친 후에는 프로페셔널 코스나 해외 자격증 반 코스 등 좀 더 전문화된 고급 과정의 내용을 배우게 함으로써 전문성을 키우고 있다. 이 밖에 창업 과정, 래핑 과정, 웨딩부케 과정, 경기대회 과정, 강사교육 과정 등 학원마다 플로리스트에게 필요한 부수적이고도 실속 있는 교육 코스를 마련하고 있다.

만일 전문과정이 아닌 취미로만 배우려 한다면 역시 학원마다 운영하고 있는 취미반을 선택해 들으면 된다. 또는 개인 플라워 숍에서 운영되는 클래스에서 초급자들을 위한 취미반을 듣는 것도 좋은 방법이다.

● 까사 스쿨

세계적으로 높은 명성을 얻고 있는 영국 플로리스트 제인패커의 전문가 과정과 프랑스의 젊은 감각 카트린 뮐러의 전문가 과정을 동시에 만날 수 있다. 독창적인 아이디어와 고급스러우면서도 모던한 감각을 그대로 배울 수가 있는 제인패커 과정은 커리어 과정(40회), 웨딩과정(10회) 등으로 나뉘어 있으며, 총 70강좌를 모두 수강하면 제인패커 Diploma가 수여된다. 또한 희망자는 영국 제인패커 스쿨에 연계한 수업을 들을 수 있다. 프랑스 본교와 동일한 커리큘럼으로 진행되는 카트린 뮐러 과정은 초보자를 위한 기본과정부터 전문적인 플라워 어렌지먼트 스킬까지의 교육을 총 60회에 걸쳐 진행한다. 본 과정을 이수한 후에는 역시 프랑스 본교와 동일한 Certificate가 수여된다. 이밖에 영국 전통 클래식 플라워 데커레이션의 이론 및 실기를 체계적으로 배울 수 있는 콘스탄스 전문가 과정(50회), 전문적인 가든 디자인과 스타일링을 제안하는 가드닝 클래스(12회) 과정도 진행 중이다.

☎ 02-3442-1504~5 http://www.casaschool.com

● 방식 꽃 예술원

동양인 최초의 마이스터 플로리스트 방식 씨가 1979년에 설립한 꽃 예술 전문교육 기관으로 수많은 꽃꽂이 전문가와 교육자를 양성해 왔다. 1998년부터 독일 상공부에서 인정하는 독일 국가 공인 플로리스트 교육을 동양 최초로 시작했다. 체계적이면서 예술적인 분야의 완성도 높은 플로리스트 교육을 실시한다는 점이 특징이며 지금까지 약 470여 명의 플로리스트와 약 80여명의 마이스터를 배출해 왔다.

커리큘럼으로는 독일 국가공인 자격증 취득을 위한 플로리스트 과정과 조경마스터 과정, 화훼장식 기능사/기사 자격 취득을 위한 자격증 취득 과정 등이 있다. 플로리스트 과정의 경우 Flower Assistant Course(1년), Florist Course(약 1년), Florist Meister Course(약 2년)의 세 코스를 단계별로 배울 수 있도록 편성되어 있다. 독일 플로리스트 마이스터 과정은 16주 블록 수업 형식으로 약 2년에 걸쳐 이루어지며 독일의 현지 수업과 병행한다. 방식 원장, 정현숙 씨, 민수정 씨 등 플로리스트 마이스터 및 조경사를 취득한 국내 강사진과 7명의 독일 강사진이 각 교육과정의 교육을 맡고 있다.

☎ 02-743-4563 http://www.bangsik.co.kr/

● **문현선 플로리스트 아카데미**

1%의 엘리트 플로리스트를 양성하고자 하는 슬로건 아래 동양

여성으로서는 드물게 독일 플로리스트 마이스터를 취득한 문현선 씨가 설립한 학원이다. 플라워 디자인을 예술적인 부분만이 아니라 경영적인 부분에도 직접적으로 연결시켜 창조적인 활동을 할 수 있도록 교육·지도하는데 주력하고 있다. 오프라인 아카데미인 양재학원과 온라인 아카데미를 운영하는 것이 특징. 양재학원에서는 원예·디자인에 대한 기초적인 내용을 습득하는 과정인 플로랄 디자인(3개월), 실질적인 디자이너 양성을 위한 플로랄 아트 인스트럭션(5개월), 교육자 양성과 재배, 판매 분야에서 전문적으로 활동할 수 있는 능력을 갖도록 하는 한국 플로리스트 과정(1년)의 교육 커리큘럼을 제공한다. 또한 체계적인 교수법을 습득할 수 있는 플로리스트 지도자 양성과정(1년)도 함께 마련되어 있다. 이밖에 문현선 씨 직강의 실전 실무 플라워 숍 창업 전문가 과정(6개월), 색상별·화형별 다양한 스타일의 꽃다발을 만들 수 있는 부케 테크니컬 코스(2.5개월) 등의 특별강좌도 진행한다.

☎ 02-584-3391 http://www.moonhyunsun.co.kr/

● 세보 플라워 스쿨

다양한 실기 과정과 폭넓은 이론 과정을 전공별 전문 강사진을 통해 단계적으로 배울 수 있는 것이 특징이다. 고려대학교 원예과학과 석사이자 웨스턴 프로랄 디자인 A.F.S. 과정과 일본 마미플라워 디자인 과정을 수료한 김경애 원장을 비롯해 독일 국가공인 플로리스트, 푸드스타일링 전공 강사, 선물포장 강사 등이 강사진으로 활동하고 있다. 다양한 재료를 이용한 실습과 내실 있는 커리큘럼 등 교육내용 역시 알차다. 꽃집 창업반(월 8회 총 32작품)부터 화훼장식 자격증반(월 4회 8작품), 동양 꽃꽂이반(월 4회 4작품), 플로리스트 과정(월 4회 4작품) 등의 커리큘럼을 비롯해 선물 포장반(3~6개월), 테이블 데커레이션반(3개월), 그린 인테리어반(3개월), 웨딩 장식반(3개월) 등의 테마반에서 각각의 과정을 세밀하게 배울 수가 있다. 원데이 클래스도 종종 진행하며, 포털 사이트 다음(Daum)에 카페공간도 마련해 회원들과 함께 꽃과 관련된 다양한 지식을 공유하고 있다.

☎ 02-588-6961 http://www.ceboflower.co.kr/

● SEFA School(서울 플로리스트 아카데미)

SEFA는 네덜란드 국립원예학교 웰란트 칼리지, 동경 상과전문대학 플라워 비즈니스학과와 연계해 수업을 진행하는 유러피언 플라워 디자인 베이직 전문학원이다. 네덜란드 웰란트 칼리지 C.E.F. 과정(유러피언 플로리스트 자격인증서) 한국 전임강사인 오소형 원장과 C.E.F.를 취득한 실력파 전문가들을 비롯해 국내외에서 활발히 활동하고 있는 객원강사진들로 구성되어 있어 믿을만하다. 뿐만 아니라, 위 두 학교의 교수인 랜 오크 메이드의 격월 특강을 통해 세계적인 플라워 디자인의 흐름과 테크닉을 보다 빠르게 익힐 수 있도록 기회를 제공하고 있다. 교육과정은 전반적인 플라워 디자인과 플라워 숍을 운영하는데 있어 필요한 실무적이고도 필수적인 내용들을 체계적으로 배울 수 있는 C.E.F. 과정(2년)과 대회준비과정(6개월) 등으로 이루어져 있다. 질 높은 교육이 될 수 있도록 일본, 네덜란드로의 연수기회를 제공하는 것도 특징이다.

☎ 02-3471-1194 http://www.sefaschool.com/

● 소호 앤 노호

심플하고 모던한 뉴욕 스타일과 내추럴한 영국 스타일의 고급 꽃꽂이를 배울 수 있는 학원이다. 특히 플로리스트만이 아닌 파티플래너, 테이블 데코레이터, 푸드스타일리스트 등 생활 및 모든 엔터테인먼트에 관련된 분야까지 접할 수 있도록 편성된 커리큘럼이 돋보이는 곳이다. 뉴욕의 파슨스 디자인 스쿨에서 플로랄 디자인을 공부한 이혜경 원장과 최정완 래핑 스쿨 강사 등의 강사진으로 구성되어 있다. 뿐만 아니라, 학계 및 현장에서 활발히 활동하고 있는 전문가

10여 명의 초빙강사를 통해 다양한 분야를 접할 수 있도록 하는 등 다채로운 교육을 꾀하고 있다. 전문가반(1년)과 취미반(3개월)으로 구성된 플라워 스쿨과정과 역시 전문가반(코디네이터 · 인스트럭터 과정 각 3개월), 취미반(초급 · 중급 각 3개월)으로 구성된 래핑과정이 있다. 플라워 스쿨의 전문가 과정은 국내 수업뿐만 아니라 인턴쉽 과정 및 3주간의 해외연수 프로그램까지 연계되어 있다.

☎ 02-3445-4838 http://www.sohoandnoho.com/

● 오면 꽃 예술학원

실습교육을 위주로 커리큘럼을 편성하는 것은 물론 자격증 취득에도 철저히 대비하는 곳으로 1994년에 설립됐다. 꽃의 가치와 용도에 따른 최적화된 디자인을 교육하는 플로리스트 과정을 비롯해 독일 국가공인 플로리스트 취득에 필요한 이론 · 실기를 병행한 체계적인 교육을 제공한다. 특히 독일 플로리스트 마이스터 과정은 독일과 한국 교육협정을 통한 블록 수업으로 10주의 국내 수업과 3주의 국외 수업으로 16개월에 걸쳐 교육이 이루어진다. 강사진은 독일 FDF INTERNATIONAL FLORIST 및 독일 국제공인 GRUBERG FLORIST를 취득한 오면 원장과 독일 플로리스트 마이스터를 취득한 국내외 전문가들로 구성되어 수준 높은 교육을 제공한다.

OMF-플로랄 어레인저(평일반 5개월), OMF-플로리스트 반(6개월) 등으로 구성된 플로리스트 과정과 창업/취업과정, 국가 공인 자격증 과정(화훼장식 기사/기능사, 독일 국가공인 플로리스트 자격증반)을 비롯해 웨딩 부케반(2개월), 경기대회 준비반(총 21회) 등의 특별과정 등으로 코스가 마련되어 있다. 플로리스트 전문가 과정의 경우 꽃꽂이, 테이블 장식을 비롯한 상업적인 교육과 함께 플라워 디자인에 관한 체계적인 이론과 실습을 배우게 되며, 이 과정을 모두 수료하면 독일 국가공인 자격증 과정을 들을 수 있는 자격이 주어진다. 이밖에 정규직일 경우 수강료의 일부를 환급받을 수 있는 국비지원강좌도 준비되어 있다.

☎ 02-704-8641 http://www.omflower.co.kr/

꽃으로 세계를 누비는
스타 플로리스트들

　영화나 음악, 스포츠 분야 뿐 아니라 플로리스트 중에도 세계를 누비는 스타 플로리스트들이 있다. 대표적인 스타가 바로 폴라 프라이크다. 플로리스트를 꿈꾸는 많은 젊은이들의 우상이기도 한 그녀는 더 타임즈와 이브닝 스탠다드 등이 '영국 최고의 플로리스트'라고 격찬한 인물이다.
　그녀를 대표하는 수식어는 바로 '영국의 왕족과 셀러브리티들에게 인기 있는 천재적인 플로리스트' 이다. 그녀의 주 고객은 왕족과 각국의 대통령들을 비롯해 줄리아 로버츠, 이완 맥그리거, 케이트 윈슬렛, 루이비통, 샤넬, 이세이 미야케 등 유명 배우와 패션디자이너들이다. 또한 로열 알버트 홀, 리츠 호텔, 로열 오페라 하우스, 박물관 등 런던의 유명한 건물도 그녀의 꽃으로 장식돼 있다. 게다가 그녀가 운영하는 런던의 플라워 스쿨은 전 세계 플로리스트 지망생들은 물론 현업에 있는 플로리스트들이 한 번쯤 공부해 보고 싶은 명성 있는 학교로 꼽히고 있다.
　이쯤에서 감탄하기엔 아직 이르다. 그녀는 지금까지 총 10여권의 플라워 디자인 책을 냈고, 이 책들은 13개국 언어로 번역되어 50만권 이상이 팔렸다. 또 그녀는 1년에 약 10억 원어치의 꽃을 사들여 아름다운 꽃꽂이와 꽃 장식을 만들어내고 있다. 가히 세계적으로 가장 영향력 있는 플로리스트라 하지 않을 수 없다.
　폴라 프라이크의 플라워 디자인은 모던하거나 인위적인 면보다는 마치 정원에서 막 꺾

interview

폴라프레이크

어 온 듯 신선한 분위기로 유명하다. 그래서 꾸미는 것보다는 자연적인 것을 더욱 돋보이게 만드는 것을 선호하며 딸기, 라임과 같은 과일과 파, 아스파라거스 등의 야채를 비롯해 깃털 같은 소재도 자주 쓴름인다. 이 때문에 그녀는 자연에서 현대적인 미를 추출해 내는 플라워 디자인의 선구자로 불리기도 한다. 우리나라에서도 지난 2004년 현대백화점 압구정 본점에서 영국으로부터 직접 화기와 꽃을 공수해 와 전시회를 연 바 있으며 2005년에는 호텔 신라 지하 아케이드 내에 매장을 열기도 했다.

    제인 패커 역시 영국인으로 폴라 프라이크와 함께 쌍벽을 이루는 스타 플로리스트다. 영국 왕실의 웨딩 부케로 주목받기 시작한 그녀는 모던하면서도 트렌디한 플라워 데커레이션으로 유명하다. 1981년 영국에서 첫 매장을 낸 이후, 1986년에는 영국 왕실 결혼식의 꽃장식을 전담했으며, 감성적이고 창의적인 디자인으로 영국 왕실은 물론 영화계, 패션계에서 주목을 받고 있다. 뿐만 아니라 막스 스펜서 가든의 디자인을 위한 플라워 쇼에서 골드 메달을 비롯해 7차례에 걸친 화려한 수상 경력까지 지니고 있다. 폴라 프라이크와 마찬가지로 현재 영국과 일본, 뉴욕에 걸쳐 플라워 스쿨을 운영 중인 것은 물론이다.

또 한 사람, 스타 플로리스트를 말할 때 빼놓을 수 없는 인물로 다니엘 오스트가 있다. 벨기에 출신의 그는 1980년대 이후 세계에서 가장 위대한 플로리스트 중 한 사람으로 손꼽혀 온 기라성 같은 플로리스트이다. 그의 작품에서 보여 지는 놀라운 창조성은 그의 존재를 '꽃의 예술가'로 만들어 왔다. 얼마나 놀라운 창조성인지는 그의 작품을 몇 개만 보더라도 금세 알 수 있을 정도이다.

우선 관중을 압도하는 어마어마한 규모의 스케일이 저절로 감탄사를 자아내게 한다. 그는 수백, 수천 송이의 꽃과 식물을 엮어 작품을 만들거나 무대 위에 대형 꽃 조형물을 만들어 무대에서 음악을 연주하는 사람들이 마치 거인나라에서 공연하는 듯한 착각을 불러일으킨다. 꽃뿐만 아니라 이파리, 나뭇가지들, 그리고 과일들로 이루어진 아름답고도 환상적인 그의 작품은 주변과 절묘한 상호 교감을 이루는 것으로 유명한데 이보다 더 뛰어날 수는 없다는 평가를 받고 있다. 그만큼 꽃에 대한 그의 예술적 감각과 철학, 그리고 상상력은 남다르다. 때문에 그는 주로 세계적인 대부호의 집이나 파티 공간을 장식하고, 또 여러 나라에서 개인전을 펼치는 등 최고의 주가를 올리고 있다.

이 밖에 다이엘 피숑, 그레고리 레뤼쉬, 행크 뮬더, 클라우스 와그너 등도 세계적으로 명성을 얻고 있는 스타 플로리스트들이다.

그런가 하면 한국 출신의 스타 플로리스트도 있는데 캐빈 리가 바로 그 주인공이다. 그는 우리나라에서 대학을 다니던 중 미국으로 이민을 가게 됐는데, 각고의 노력 끝에 이름 있는 플로리스트로 성공할 수 있었다. 그는 할리우드의 유명 연예인은 물론 전 세계 정치인, 기업인 등 재력가들의 결혼식이나 개인 파티를 직접 기획하고 장식해 왔다. 마이클 잭슨, 톰 크루즈, 브리트니 스피어스, 바브라 스트라이샌드, 키아누 리브스, 오프라 윈프리 등 내로라하는 할리우드 스타들이 그의 주 고객이다. 2001년 미국을 열광케 했던 브래드 피트와 제니퍼 애니스톤의 결혼식은 물론 2005년 11월 미국 캘리포니아에서 열린 팝가수 크리스티나 아길레라의 결혼식 데커레이션 역시 그의 작품이다. 이 밖에도 1995년부터 현재까지 아카데미상 시상식을 비롯해 에미상 시상식 50회 기념회, 그래미상 시상식, ABC 방송국 50주년 기념식 등 그의 손을 거친 주요 행사들이 즐비하다.

interview

사정이 이럴진대, 연예인이 아니더라도 플로리스트에게 '스타'라는 닉네임을 붙인들 무슨 어색함이 있을까. 자신만의 독특한 플라워 디자인으로 많은 이들에게 아름다운 감동을 주며 두터운 팬(?)층을 확보하고 있는 이들은 진정 세계를 누비는 스타들인 것이다.

by 폴라프레이크 (신라호텔 제공)

다양한 꽃의 종류, 꽃의 디자인을 결정하는 데 중요한 요소인 스타일, 그리고 전문 용어들…. 어차피 플로리스트 과정을 공부하면서 차츰차츰 알아가게 될 내용들이지만, 조금 더 일찍 엿보는 기회를 갖는 것도 그리 나쁘지 않을 것이다. 꽃보다 아름다운 플로리스트를 꿈꾸는 이들에게 도움이 될 내용들을 몇 가지 모아봤다.

동양 꽃꽂이 서양 꽃꽂이 등의 어레인지먼트를 비롯해 압화, 드라이 플라워, 공간 장식, 조경까지 플로리스트가 다루는 영역은 무척 다채롭다.

플로리스트 지망생이 꼭 알아야 할 플로리스트 상식 & 정보

플로리스트가 다루는 다채로운 플라워 분야

어떻게 생각해보면 꽃이라는 하나의 소재로 다양한 디자인의 세계를 연출한다는 것은 꽤 놀라운 일이다. 이미 하나의 예술작품과도 같은 꽃에 또 다른 미적 가치를 부여하는 플로리스트는 그래서 무한히 창조적인 직업이기도 하다. 그야말로 플라워 디자인인 것이다 플라워 디자인이란 꽃을 뜻하는 플라워와 기획·설계 등을 나타내는 디자인의 합성어이다. 때문에 꽃을 다루는 모든 디자인 즉, 동양 꽃꽂이, 서양 꽃꽂이 등 꽃꽂이(어레인지먼트)를 비롯해 꽃을 이용하여 평면 디자인을 하는 압화, 드라이 플라워, 공간 장식, 조경까지 모두 플로리스트가 다룰 수 있는 다채로운 분야이다. 과연 어떤 분야가 있는지, 그 종류와 특성에 대해 살펴보자.

● 동양식 꽃꽂이

동양식 꽃꽂이는 동양의 선과 공간, 그리고 내면의 아름다움을 강조한다. 그 기원은 자연을 숭배하는 사상과 신선사상에 두며 자연의 이치에 맞게 자연을 재현하고 묘사하며 자연에 순응하는 작품을 만든다. 따라서 이를 최대한 표현하기 위해 부자연스럽다거나 억지를 부린 지 않도록 하는 것이 특징이다.

꽃 작품은 대개 천, 지, 인을 상징하는 3개의 주지(주가 되는 가지)를 다양한 방법으로 이용한다. 이때 1주지는 하늘을 나타내고, 2주지는 사람을, 3주지는 땅을 나타내어 우주와 자연을 재현한다는 의미를 갖는다. 이밖에도 3개의 주지는 삼세(三世), 다시 말하면 과거와 현재, 미래라는 불교의 윤회사상이나 유년, 장년, 노년이라는 윤리관을 뜻하기도 한다. 즉, 시든 꽃잎이나 열매는 과거(노년)를, 한창 만개한 꽃은 현재(장년)를, 그리고 아직 피지 않은 꽃망울과 어린잎은 미래(유년)를 나타낸다.

동양식 꽃꽂이의 형태를 보면 꽃을 꽂을 때 1주지, 2주지, 3주지의 3골격을 주지로 하여 꽂고 나머지 공간은 부주지(주지를 보충해 주는 가지)로 처리한다. 색채 조화는 인공 배색이 아닌 자연 배색이고 여백을 중요하게 생각하기 때문에 서양식 꽃 장식보다는 화려하지 않다. 하지만 주지로 많은 기교를 나타내어 내면의 미를 창조하고자 한다.

동양식 꽃꽂이의 가장 큰 매력은 적은 소재로 선과 면과 공간이 서로 어우러지게 표현한다는 점이다. 계절감을 나타내는 나뭇가지를 사용해 절제미와 계절감의 표현이 쉽다.

● 유러피언 스타일

유럽을 중심으로 발전한 유러피언 스타일은 자연 그대로의 개성을 중시하고 꽃 자체의 형태를 충분히 살려 표현하는 것이 특징이다. 다시 말해 식물이 자라는 형태, 즉 식물의 생장적인 모습과 가지고 있는 고유한 특성을 최대한 존중하고 표현하는 꽃장식이라 할 수 있다. 때문에 플라워 디자인의 전체적인 형태를 중시해서 다양하게 변형시키는 웨스턴 스타일과는 확연히 차이가 난다. 뿐만 아니라 공간을 가득 채워 소재들이 돋보이도록 하는 디자인 스타일이어서 여백을 중시하는 동양식 꽃꽂이와도 분위기가 크게 다르다.

또한 형식적인 틀에다 꽃을 메워놓는다고 하는 사고방식이 아니라 '꽃이라고 하는 이미 완성된 조형물'을 어떻게 살리면서 조형에 이용하느냐는 것에 중점을 두고 있다. 따라서 이 스타일을 다룰 때는 무엇보다 자연을 이해하고 해석하며 관찰하는 능력이 요구된다. 이 같은 유러피언 스타일은 왕실을 중심으로 발전한 전통적인 영국식 꽃꽂이, 식생적 형태(식물이 자연 환경 속에서 자연적으로 생장해 가는 모습을 그려내는 것)와 가치를 중심으로 하는 독일식 꽃꽂이, 원예, 화훼학에 깊은 뿌리를 둔 네덜란드식 꽃꽂이, 예술과 결합한 프랑스식 꽃꽂이 등 다양한 스타일이 있다.

한편 웨스턴 스타일은 표현이 구체적이어서 이해하기 쉬운 반면, 유러피언 스타일은 종교적이고 철학적인 사상이 반영된 추상적인 표현이 많아 이해하기에 다소 난해한 면이 있다.

● 웨스턴 스타일

미국식 플라워 디자인으로 원래 유럽의 영향을 많이 받았지만, 미국인만의 실용주의 사고방식이 철저하게 반영된 형태로 재탄생되었다. 그래서 꽃을 꽂는 것 또한 옮기기에 간단하면서도 쉽게 이용할 수 있고, 사용하고 나서는 버릴 수 있는 플로럴폼을 주로 사용한다. 디자인은 꽃의 화려하고 다양한 색과 풍성한 느낌을 강조하며, 꽃을 가득 모아서 원형이나 삼각형 · 타원형 등의 기하학적인 모양으로 꽂는 식과 같이 전체적인 형태를 중요시하는 게 특징이다. 이 때문에 웨스턴 스타일은 보기에 유쾌하고 쉽게 응용할 수 있어 상업적으로 많이 이용되고 있는 디자인이다. 하지만 그렇다고 해서 웨스턴 스타일이 실용적이고 상업적인 면에만 치우친 것은 아니다. 다양한 꽃 스타일을 응용한 것을 흔히 자유형(프리스타일)이라고 하는데, 이는 작품에 작가의 디자인이나 개성이 담겨 있는 것을 말한다. 이것은 일상적인 플라워 디자인의 상품으로서의 가치를 지닐 수는 없지만, 상품에 패션성을 주는 데 도움이 된다.

이 프리스타일이 발전되면서 미국의 동부, 중부, 서부가 각각 나름의 특색을 지니게 되었다. 가령 서부는 동양의 영향을 받은 스타일이 자리 잡았고 동부는 클래식, 즉 미국식의 특유한 기하학적 모양과 꽃들이 모두 도드라져 보이는 강한 느낌의 스타일이 자리 잡게 되었다. 하지만 미국인들은 아직까지는 새로운 프리스타일 보다 클래식 스타일을 더 선호하고, 플라워 숍에서도 이를 더욱 많이 활용한다. 특히 미국은 전국 꽃 배달 서비스를 가장 먼저 도입한 곳으로, 전국에서 통용될 수 있는 카탈로그가 있어야 효율적인 배달이 가능하기 때문에 클래식의 공통된 스타일을 이용한다.

● 압화 디자인

압화는 꽃의 수분을 제거한 후에 눌러서 말린 평면적 장식의 꽃 예술을 말한다. 쉽게 우리 주위에서 볼 수 있는 말린 꽃을 붙인 카드나 말린 꽃과 잎, 그리고 줄기로 장식한 열쇠고리 등을 생각하면 된다. 처음에는 식물 표본을 목적으로 만들어졌는데 그러던 것이 점차 장식과 예술을 목적으로 응용·발전하였고 현재는 플라워 디자인의 한 분야로 이용되고 있다.

압화는 길가의 작은 꽃이나 무심코 스쳐 버리는 초록색 풀잎들, 그리고 절화, 낙엽 등을 그 모습 그대로 생활 속에서 다양하게 사용할 수 있는 아름다운 꽃 예술이다. 잔잔하고 아기자기해서 더 매력적인 압화를 이용해 액자는 물론이고 테이블 매트, 선물용 상자, 화분장식, 양초 등에 장식하면 한층 업그레이드 된 듯한 멋을 느낄 수 있다.

우리나라에서는 1970년대 이후 플라워 디자인 관련 서적이 출판되면서 압화가 서서히 일반인들에게 소개되기 시작했지만 큰 붐을 일으키지는 못했다. 때문에 아직까지 압화에 대한 자료와 정보가 충분치 않은데다가 전문가가 적은 편이다. 그러나 역으로 생각하면 이 점은 교육 시장으로서 가능성이 있다는 것을 의미한다. 또한 상품으로서의 활용성도 다양하여 플라워 디자인에서 독자적인 작품으로 개발할 수도 있다.

● 드라이플라워 디자인

드라이 플라워(건조화)는 자연의 꽃과 풀을 건조시켜 만든 꽃 장식품으로 꽃뿐만 아니라 꽃받침, 잎, 줄기, 과실, 종자, 뿌리 등도 포함된다. 원래 일조시간이 짧은 북유럽에서 꽃을 오래 보존하기 위하여 고안되었다. 만드는 방법으로는 각 기관을 자연 건조시키는 자연 건조법과 화학이나 물리적인 처리를 이용해 탈수, 건조, 보존시키는 건조제 이용법, 드라이 용액을 사용하는 용액제 이용법 등이 있다. 또 경우에 따라서는 가공 과정에서 표백과 염색 등 채색 기술을 사용하기도 한다.

자연스러우면서도 파스텔 톤의 독특한 매력을 갖고 있는 드라이 플라워는 생화와 달리 물이 필요 없어 바구니 재질은 물론 메탈 소재 용기, 장식적인 유리 용기 등 다양한 용기를 선택할 수가 있다. 또한 꽃꽂이뿐만 아니라 천장이나 액자, 벽장식, 디스플레이 등 장소와 위치에 구애받지 않고 폭넓게 활용할 수 있다는 장점이 있다. 뿐만 아니라 반영구적이어서 짧게는 몇 개월에서 길게는 수십 년까지 꽃 본래의 모습을 즐길 수가 있고, 몇몇 다른 식물체 조각을 모아 붙이거나 박피(薄皮), 염색, 기타 가공 등의 처리를 하면 3차원적인 소재를 만들어 활용할 수도 있다. 그러나 건조하는 과정에서 꽃이 수축되기 때문에 생화보다 많은 양을 필요로 한다. 또한 줄기가 딱딱해 곡선의 미를 표현하기 어렵고, 습기가 많은 곳에서는 쉽게 부패하기 때문에 세심한 관리가 필요하다.

● 조화디자인

　생화의 아름다움을 그대로 모방해서 만든 조화(造花)는 만드는 방법에 따라 몇 가지로 구분된다. 그 중에서 '아트 플라워'라는 것이 있는데, 기계로 만들어낸 인위적인 꽃과 달리 모든 과정을 손을 거쳐서 만들어 낸다. 따라서 꽃잎 한 장 한 장을 손으로 색칠하여 꽃을 완성하기 때문에 많은 정성이 들어간다. 또한 장소나 쓰임에 따라 생화의 모습을 응용하여 변형시키거나 색을 창의적으로 바꾸는 등 만드는 사람의 개성과 감각에 따라 독특한 색상을 살린다는 점에서 아트플라워만의 매력을 느낄 수가 있다.

　하지만 시중에 판매되고 있는 조화는 이 같은 아트 플라워보다는 대부분이 매직 플라워이다. 이는 기계로 제작 · 염색 · 가공 과정을 거친 후에 마무리 조립 단계만 사람의 손으로 만든 것이다. 매직 플라워는 기계로 만들기 때문에 손으로 만드는 아트플라워와 달리 한 가지 색과 형태의 꽃들을 계속 만들 수 있다.

　조화는 공간 장식, 테이블 장식, 벽 장식, 그리고 코사지, 부케 등에서 주재료나 부재료로 사용하기에 장점이 많은 아이템이다. 또한 화기에 상관없이 장식할 수도 있어서 생화로 장식하기 어려운 곳에까지 요긴하게 이용할 수 있다.

● 그린인테리어

그린인테리어는 살아있는 식물을 이용하여 공간을 꾸미는 것이다. 플로리스트는 그린 인테리어 분야에서도 실내 가드닝을 주로 다루는데, 실내로 자연의 푸르름을 끌어들여 미적인 아름다움은 물론 생활의 다양한 질적 향상을 추구할 수 있다. 특히 건강하고 아름다운 삶을 누리고자 하는 웰빙 라이프의 개념과 맞물려 그린 인테리어는 자연친화적인 문화의 한 테마로 빠르게 자리매김하고 있다.

그린인테리어는 푸른 식물과 우리 주변에서 흔히 볼 수 있는 다양한 소품들을 이용하여 공간을 아름답게 표현한다. 유리 용기에 식물을 장식하는 테라리움, 이끼를 이용해 식물을 입체적인 형태로 다듬는 토피어리, 접시와 같은 용기를 이용해 장식하는 디시가든, 허브를 소재로 장식한 허브가든 등이 바로 그것이다. 이 과정에서 단순히 디자인하고 만드는 즐거움만이 아닌 생명력을 가진 식물이 생동감 있게 자라고 꽃망울을 터뜨리는 과정을 경험하면서 정신적이고 심미적인 안정감도 느낄 수 있다. 또한 식물들로 인해 밀폐된 실내 공기가 쾌적해지는 환경적인 효과도 얻을 수 있는 등 그린인테리어는 생활공간의 질을 한 차원 높이는 종합예술이라고 할 수 있다.

그린인테리어가 활용되는 실내공간은 매우 다양하다. 아파트 베란다나 거실 등의 주거공간과 각종 전시공간, 사무공간, 상업공간, 병원 및 공공기관 등에서 미적이고 기능적이며 경제적인 효과를 이끌어낸다.

또 그린인테리어는 소재가 살아있는 생명체로, 이를 이용해 작업을 해야 하기 때문에 식물의 생리나 특성에 대해 충분히 알아두어야 한다. 또한 이를 관리하는 요령과 함께 컬러나 질감, 크기 등에 대한 미적 감각과 공간을 분석할 수 있는 능력들도 더불어 갖추어 둘 필요가 있다.

● 플라워 래핑

플라워 래핑(Flower Wrapping)은 포장지나 끈, 면직물, 리본 등을 이용하여 꽃다발이나 꽃바구니, 화분식물 등을 포장하는 것을 말한다. 이때 중요한 것은 소재의 색이나 질감, 크기의 특징을 잘 고려해야 한다는 점이다. 예를 들어 긴 꽃대가 있는 수선화를 포장할 경우 노란색 색종이(머메이드지)로 중간을 감싸고 리본을 묶는다든지, 꽃의 화려한 색감을 살리기 위해 황토색의 은은한 크레프트지로 작고 앙증맞게 꽃다발을 만드는 것처럼 말이다.

우리나라의 플라워 숍에서 팔리는 꽃 상품들은 선물용이 대부분이어서 이와 같은 꽃 포장은 플로리스트에게 꼭 필요한 기술이다. 유럽과 미국, 일본의 경우는 꽃을 집에서 보고 즐기기 위해 사는 일이 많아, 우리나라에 비해 꽃 포장이 상대적으로 적은 편이다. 그러나 우리나라는 '개성 있고 감각이 넘치게 꽃 포장 디자인을 잘 하느냐 못 하느냐'는 것이 플라워 숍의 매출에 영향을 미칠 정도이다. 때문에 플로리스트 양성 학원의 커리큘럼에는 꽃 포장 과정이 거의 필수적으로 들어 있다. 꽃 포장은 꽃다발과 꽃바구니 같은 절화 상품뿐만 아니라 관엽식물이나 난 화분 등의 화분포장에서도 중요시되고 있다.

플로리스트가 알아야 할 기초용어 모음

플라워 디자인을 위한 기초용어는 플로리스트 과정을 공부하는 데 여러 가지 도움이 되므로 알아두는 것이 좋다. 평소 내가 좋아하고 관심 있게 봤던 디자인이 어떤 세부적인 기법을 이용해 만든 것인지, 용어와 함께 이해를 하게 되면 좀 더 색다른 느낌으로 다가올 것이다. 플라워 디자인에 사용되는 기초용어를 테크닉과 부케, 코사지 등으로 묶어 정리했다.

● 와이어링 (wiring)

코사지나 부케를 만들 때, 꽃이나 줄기, 잎 등을 구부리거나 고정하여 디자인하기 쉽도록 와이어를 사용하는 기법이다. 와이어는 굵기에 따라 18~36번까지 있는데 숫자가 클수록 가늘고 숫자가 작을수록 굵어진다.

씨큐어링 메서드 (securing method)
줄기가 너무 가늘거나 줄기를 곡선으로 사용하고 싶을 때 철사를 사용하여 줄기를 보강해 주는 방법

쏘잉 메서드 (sewing/stitching method)
꽃잎이나 잎을 바느질하는 것 같이 철사를 사용하는 기법으로 글라디올러스, 군

자란, 백합 등에 쓰인다.

인서션 메서드 (insertion method)
줄기의 속이 비어 있는 식물에 와이어를 아래서 위로 찔러 넣어 줄기가 휘거나 화관이 고개를 숙이지 않도록 지지해 주기 위하여 사용하는 방법으로 카라, 거베라, 스윗피, 라넌큘러스 등에 주로 사용된다.

익스텐션 메서드 (extension method)
와이어를 더욱 단단히 보강하기 위하여 사용하는 방법. 주로 와이어가 약하거나 패더링한 와이어가 짧은 경우에 사용된다.

서포터 (supporter)
줄기를 강화하거나 컨트롤할 때 주로 사용한다. 와이어는 가능한 깨끗하고 적당한 굵기의 것을 사용해야 하며 와이어가 노출 되었을 때는 보이지 않도록 플로럴 테이프로 감아주어야 한다.

크로스 메서드 (cross method)
씨방이나 꽃받침 부분에 줄기와 식각이 되게 2개의 와이어를 십자가 되도록 찔러서 각각 두 가닥이 되도록 구부린다. 피어싱 기법만으로 지지가 약할 때 이 방법을 쓰면 좋다. 카네이션, 장미, 백합 등 비교적 큰 꽃송이에 사용된다.

헤어핀 메서드 (hairpin method)
와이어를 U자 형태의 머리핀 모양으로 구부려서 잎이나 꽃에 꽂아 보강하는 방법이다. 백합과 같은 관형태의 꽃이나 동백, 아이비, 루모라, 팔손이 등의 잎에 쓰인다.

트위스팅 메소드 (twisting method)
와이어를 찔러 넣을 수 없는 작은 꽃이나 가지 또는 꽃잎을 모아 감아서 묶어 주는 방법

후크 메서드 (hook method)
와이어의 끝을 갈고리 모양으로 구부려 끼우는 방법

피어스 메서드 (pierce method)
장미, 카네이션, 다알리아, 금잔화 등 가장 많이 쓰이는 꽃들에 사용된다. 철사로 줄기, 꽃의 씨방, 꽃받침을 옆으로부터 직각이 되게 찔러서 사용하는 방법

● 베이싱 (basing)

메인 구성에 앞서 장식적인 기초 구성을 해주기 위하여 바닥 부분을 다양한 질감으로 세부 묘사하는 기법이다. 다양한 질감 효과를 얻기 위해 혹은 작품 구성의 밑바닥에 강한 시각적 흥미를 유발하기 위해 클러스터링, 레이어링, 터프팅, 테러링 기법 등이 사용된다. 베이싱 기법을 사용할 때 가장 이상적인 것은 바닥층과 위쪽 소재들 사이에 공간이 있는 것이다.

레이어링 (layering)
소재나 액세서리들을 서로 공간이 없이 위로 층지게 배치하는 기법

스테킹 (stacking)
물건을 쌓듯이 크기가 비슷한 소재들을 서로 위로 쌓아 올리는 기법

클러스터링(clustering)
작아서 하나하나 꽂기 어려운 소재들을 하나로 모아 꽂기 쉽도록 와이어링 해주

는 기법이다.

터프팅 (tufting)
클러스터링의 한 형태로 줄기가 짧은 꽃다발을 디자인에 사용해 작은 언덕이나 환상적인 모습을 만들어 내는 방법

테러싱 (terracing)
소재를 계단 형식으로 배치하는 기법으로 본래 가든 디자인 기법에서 차용했다. 기본적인 선에 섬세한 시각적 효과를 더해 준다.

파베 (pave)
더 이상 변화가 없거나 변하지 않는 소재를 선택해 촘촘하게 높낮이가 없도록 소재를 구성하는 기법

● 꽃의 형태에 변화를 주는 방법

리플렉싱 (reflexing)
장미, 카네이션, 튤립, 아이리스 등의 꽃잎을 손으로 만져주어 좀 더 피어 보이게 하는 방법

리무빙 (removing)
데이지, 아이리스, 거베라, 장미, 안스리움, 스파티 필름 등에서 꽃잎을 떼어내서 원하는 모양을 만드는 방법

틴팅 (tinting)
인공으로 꽃에 염색을 하는 방법으로 카네이션처럼 줄기를 통해 염색하는 내부

염색법과 화관을 통째로 염색액에 담그는 외부염색법 두 가지가 있다.

피더링 (feathering)
카네이션과 같이 꽃잎이 많은 꽃으로부터 낱개의 잎을 떼어 내어 새로운 형태의 꽃을 만들어 내는 기법

압스트랙팅 (abstracting)
식물의 한 부분이나 조각 등을 의도적으로 떼어 내어 모양을 변형시키거나 표면에 변화를 주는 것을 말한다. 또한 식물 소재를 특이한 방법으로 놓는 것을 말하기도 한다.

디테이칭 (detaching)
꽃잎을 의도적으로 떼어 내어 새로운 꽃 모양을 만드는 기법

태일러링 (tailoring)
소재를 자르거나 붙이거나 덧붙여서 모양을 변화시키는 방법으로 대국도 잎을 잘라내어 물고기의 지느러미 형태를 만드는 것이 좋은 예이다.

프루닝 (pruning)
유칼립투스, 루모라, 레몬잎 등 잔잎으로 구성된 그린의 잎을 의도적으로 떼어내어 빈 공간을 만들어 새로운 모양을 창조해 내는 기법

미러링 (mirroring)
한 작품 내에서 꽃의 표정을 거울에 반사되듯이 마주보게 하는 기법

프레이밍 (framing)
특정한 소재들을 포근하게 감싸주는 기법 프레이밍은 작품의 포컬 에이리어를 감싸주어 시선을 중앙으로 집중시키면서 작품에 시각적 효과를 준다.

섀도잉 (shadowing)
작품에 입체적인 깊이를 주기 위한 반복 기법으로 주로 소재 바로 뒤에 배치하거나 앞면에서 볼 때 좌우로 배치하는 형식이다. 이런 형태의 기법은 꽃송이 수가 그다지 많지 않은 디자인일 경우에 더욱 효과적이다.

시퀀싱 (sequencing)
작품에서 소재의 변화가 일정한 패턴으로 움직일 때 이러한 기법을 시퀀싱이라고 한다. 시퀀싱은 색상이나 형태, 그리고 질감에서의 점진적인 변화를 표현할 때 사용한다.

그레이디에이션 (gradation)
꽃이나 잎을 큰 것부터 작은 것으로, 어두운 것에서 밝은 것으로, 순서대로 놓는 기법으로 시퀀싱과 같다.

셸터링 (sheltering)
무언가를 보호하는 듯한 느낌을 만들어 내는 기법. 셸터링은 다른 디자인 기법과 동시에 사용될 수 있으며, 이미 만들어진 어레인지먼트에 베어그라스, 라피아, 버드나무 등 아름다운 라인을 가지고 있는 소재들로 보호받고 감추어진 느낌을 창조해낸다.

플레이팅 (plating)
3줄기로 엮거나, 꼬거나 땋는 기법. 주로 실, 리본, 라피아, 베어그라스, 실물 줄기(카네이션, 장미, 거베라, 프리지아) 등이 사용된다. 줄기를 3갈래로 꼬아 놓은 벤자민 고무나무가 좋은 예.

마사징 (massaging)
줄기를 엄지손가락 등을 사용하여 가볍게 힘을 주어 원하는 형태로 구부리거나 휘어지게 만드는 기법

베일링 (bailing)
식물 소재를 압축하여 기하학적 형태로 만든 다음 묶어주는 기법. 건초 한 꾸러미를 직육면체로 묶어 놓은 것과 같은 효과를 낸 것이다.
번들링(bundling) 서로 유사한 소재(밀집, 볏짚, 옥수수 등) 등을 묶기 위한 방법이나 다발지어 표현하는 방법

번들링 (bundling)
서로 유사한 소재(밀집, 볏짚, 옥수수 등) 등을 묶기 위한 방법이나 다발지어 표현하는 방법

바인딩 (binding)
식물의 줄기나 다른 소재들을 흐트러지지 않도록 튼튼히 동여매거나 장식적으로 묶어 주는 것을 의미한다. 보통 핸드타이드 부케를 묶을 때 묶는 포인트를 바인딩 포인트라고 하며 디자인의 1/3지점에서 묶어줄 때 가장 보기가 좋다.

밴딩 (banding)
가는 와이어, 끈, 라피아나 유사한 소재로 원하는 곳에 시선을 집중시키거나 장식적인 효과를 위하여 밴드 형태로 묶어 주는 기법이다. 간결하고 깔끔하게 여러 번 감아 주는 것이 시선을 끄는 데 효과적이다.

래핑 (wrapping)
한 줄기나 한 다발의 한쪽 끝까지 장식적인 소재들로 덮는 것을 말한다. 보통 리본, 라피아, 와이어 등을 사용한다.

레이싱 (lacing)
화기 안에 플로럴 폼과 같은 고정 장치가 없이 순수하게 소재만으로 줄기를 교차시켜 고정시키는 방법

번칭 (bunching)
유사한 소재들을 한 움큼 혹은 몇 개를 함께 모아 한 단위로 사용하는 것이다. 꽃꽂이 할 때 시간을 절약시켜 준다.

내추럴 프레임워크 (natural framework)
집에도 보이지 않는 뼈대와 구조물이 있듯이 이 디자인 기법은 꽃과 그린의 줄기를 엮어서 화기에 직접 틀을 만드는 작업이다.

컴포사이츠 (composites)
꽃잎들을 낱장으로 한 장씩 붙여서 크고 아름다운 하나의 꽃을 만들어 내는 기법으로 백합, 튤립, 장미 등이 자주 이용된다. mellia라는 용어를 쓰기도 한다.

보카쥬 (bocage)
겹겹이 에워싸는 기법으로 어떠한 하나의 소재가 다른 소재로 둘러 싸여 있고 그 둘러싸고 있는 소재 역시 다른 소재로 둘러 싸여 있는 형태를 의미하는 것.

● 그 외

어레인지먼트 (arrangement)
넓은 의미로는 플라워 디자인에 있어서 코사지와 부케를 제외한 전반적인 꽃의 조형을 말한다. 꽃과 꽃의 관계를 비롯하여 꽃과 화기의 관계, 그리고 꽃과 다른 소재와의 관계를 아름답게 조화시키는 것.

컬러링 (collaring)
꽃, 부케, 화기의 가장자리 부분을 잎이나 다른 장식적인 소재들로 둘러 주어 마무리하는 느낌을 주는 기법

패탈링 (petalling)
생화용 접착제를 사용하여 꽃잎을 표면에 붙이는 기법

테이핑 (taping)
식물의 줄기가 노출된 와이어에 플로럴 테이프를 감는 기법으로 다양한 종류의 테이프가 사용된다. 플로럴 테이프 사용 시 유의해야 할 점은 주변의 색상과 잘 조화시키고 테이프를 감았을 때 와이어 등이 노출되어 다치는 일이 없도록 하는 것이다.

그루핑 (grouping)
서로 비슷한 유형의 소재들을 함께 묶는 방법으로 형태와 색채를 강조하는 것. 그룹으로 배치된 소재들은 흩어져 있는 것보다 뭉쳐져 있기 때문에 더 인상적인 느낌을 준다.

조우닝 (zoning)
그루핑과 유사한 개념이지만 이 기법은 개개의 소재들이 명확히 구분되어 져야 하며 소재들이 갖는 구역(zone) 사이에 넓은 공간이 존재해야 한다. 그래서 그루핑한 것이 뚜렷하게 독립되어 보이는 데 바로 이러한 점이 그룹핑과 조우닝 사이의 중요한 차이점이다.

● 부케

핸드타이드 부케 (hand-tied bouquet)
손 안에서 완성되는 모든 꽃다발을 말한다. 줄기의 구성 형태에 따라 스파이럴(나선형) 스템, 또는 파라렐(평행) 스템의 구성으로 나눌 수 있다.

비데마이어 부케 (biedermeier bouquet)
1825년부터 1850년까지 많이 유행하던 디자인에서 유래된 것. 형태는 주로 반구형, 원추형으로 대칭해 구성하는 것이 일반적이다. 대개의 경우 꽃을 빽빽하게 구성하는 모든 디자인을 두고 비데마이어 형식이라고 한다.

샤워 부케 (shower bouquet)
꽃줄기를 여러 개 폭포 쏟아지듯 길게 늘어뜨려 자연스런 흐름을 묘사한 꽃다발.

암 부케 (arm sheaf)
팔에 안을 수 있도록 만든 꽃다발. 꽃이나 잎의 줄기를 자연 줄기 그대로 사용하든가, 또는 와이어를 사용할 경우라도 자연 줄기가 있는 것처럼 보이게 만든다.

캐스케이드 부케 (cascade bouquet)
드레스 위에서 예쁘게 흐르는 듯한 느낌을 주는 부등변삼각형의 꽃다발. 허리 부분에서 드는 캐스케이드 부케는 컬러니얼 부케에 흐르는 듯한 갈런드를 연장시켜 만든다. 꽃의 소재로는 양란이나 장미·카네이션·마거리트 등 중간 크기 정도의 꽃송이를 가진 꽃을 사용하면 아름다운 선(line)을 연출할 수 있다. 부케의 길이는 체격에 따라 조절하며 드레스에 따라 여러 개의 갈런드를 조합하기도 한다.

크레슨트 부케 (crescent bouquet)
캐스케이드의 변형으로 곡선으로 만든 갈런드 두 개를 중심 부분에서 서로 합하여 구성하는 초승달형의 부케를 말한다. 중심 부분을 부채형으로 만드는데 곡선으로 만든 두 개의 갈런드를 1 : 2나 1 : 2.5의 비율로 장단이 되도록 만든다. 초승달형에는 세로로 선 모양과 가로로 누운 모양이 있으며 우아한 곡선의 형태이므로 허리가 날씬하고 엉덩이선이 아름다운 여성에게 잘 어울린다.

클러스터 부케 (cluster bouquet)
비교적 큰 꽃을 적게 사용하여 포도송이 모양으로 구성한 꽃다발

타지마지 (tuzzy myzzy)
여러 가지 색깔의 꽃을 사용하여 둥근 모양으로 만든 부케

토크 부케 (toque bouquet)
원통형의 부케

포지 부케 (posy bouquet)
디자인을 복잡하지 않고 단순하게 만드는 부케. 들러리나 화동들이 들기에 편안한 구성으로 만든다.

● 코사지

코사지 (corsage)
의복에 달기 위해 생화나 조화를 묶어 만든 작은 꽃다발. 코사지는 머리·어깨·가슴·손목·허리·발목 등에 장식하며 모자·팔찌·핸드백·구두 등의 장신구에도 사용한다. 보디 플라워·패션 플라워라고도 한다.

코사지보 (corsage bow)
리본 워크에서 기본이 되는 형태로 코사지는 물론이고 부케의 버슬 보(bustle bow)·선물용 꽃다발·바구니·스탠드의 꽃 등 플라워 디자인 전반에 사용되고 있다. 트리플 타이라고도 부른다.

원 포인트 코사지 (one point corsage)
장미나 카네이션 등 한 송이 꽃으로 만드는 코사지로서 모양은 단순하지만 모든 코사지의 기본이 된다. 여성용 코사지는 드레스나 옷에 맞는 꽃을 골라서 가슴·옷깃·허리 등에 장식한다. 꽃의 가지 수에 따라 투 포인트, 쓰리 포인트 코

사지로 구분된다.

라운드 코사지 (round corsage)
6~10 송이 정도의 작은 꽃을 둥근형으로 구성하는 코사지. 포컬 포인트를 중심으로 중심의 꽃을 약 5cm 높이가 되게 직각으로 구부리고 나머지 꽃을 주위에 둥근형으로 배치하고 잎과 리본을 붙인다.

예비 플로리스트라면 꼭 알아야 할 꽃 이름 16가지

평소 알고 있는 꽃 이름을 말하라면 장미와 튤립, 백합 정도를 꼽을 수 있을 것이다. 하지만 또 다른 꽃들은? 아마 입안에서 맴돌게 되지 않을까? 더구나 요즘엔 새롭고 다양한 꽃들이 등장하고 있다. 특히 트렌드가 되고 있는 꽃들을 보면 마치 서양화에서 막 튀어나온 듯 이국적인 아름다움을 뽐낸다. 뿐만 아니라 같은 꽃이라도 귀여운 반점이 있는 것, 통통한 것, 납작한 것, 독특한 색깔이 있는 것 등 그 표정이 너무 다채롭다. 그 대표적인 몇 가지를 소개한다.

● 작약 peony

송이가 탐스러워 '함박꽃'이라고도 불리는 이국적인 꽃이다. 5~6월에 줄기 끝에 한 개가 피는데 크고 아름다우며 컬러 또한 파스텔 빛을 띠는 흰색, 붉은색, 분홍색 등으로 다양하다. 꽃송이가 크고 만져봐서 단단하고 알찬 것이 싱싱하다. 따뜻한 온도와 습도에서 피어나며 초보자라면 약간 피기 시작한 꽃을 선택하는 것이 좋다.

● 라넌큘러스 ranunculus

하늘거리는 꽃잎이 겹겹이 겹쳐 피어 풍성한 느낌이 든다. 원종은 선명한 노란색이지만 핑크빛, 연자줏빛, 보랏빛, 흰빛 등 다양한 색상의 원예종이 있다. 라넌큘러스는 줄기의 수려한 선을 따라 자연스럽게 꽂아야 매력적인데, 꽃병에 꽂을 때는 병 높이의 2배 정도의 길이로 잘랐을 때 가장 예쁘게 꽂을 수 있다. 또한 꽃잎이 얇으면서도 넓게 퍼져 물 속 장식에도 알맞다.

● 리시안셔스 lisianthus

부드러우면서도 연약해 보이는 꽃잎이 매력적인 리시안셔스는 6~7월에 가장 예쁜 초여름 꽃이다. 특별한 손질 없이 투명한 유리병에 다발로 꽂아도 그 아름다움을 충분히 느낄 수가 있다. 섬세한 모양의 꽃과는 달리 잎의 생김이 예쁘지 않으므로 손질을 할 때 잎은 모두 떼어내는 것이 좋다.

● 거베라 gerbera

350가지 이상의 다양한 컬러를 자랑하는 이 꽃은 마치 양산을 펼쳐놓은 양 호화로운 모습이 인상적이다. 지름이 7~12cm에 이르는 큰 꽃으로 생김새가 매우 화려하기 때문에 장식의 중앙 부분에서 시선을 사로잡는 용도로 쓰이는 경우가 많다. 꺾은 뒤 대개 3~7일 정도 유지가 되는데 시들었을 때는 줄기를 비스듬하게 자르고 신문

지에 싸서 미지근한 물에 담가두면 좀 더 오래 즐길 수가 있다.

● 카라 calla

굴곡 없이 곧게 뻗은 줄기와 꽃의 어우러짐이 아름다운 꽃이다. 청초하면서도 깨끗한 이미지로 많은 여성들의 사랑을 받고 있다. 다양한 컬러가 있는데 흰색이 가장 흔하다. 꽃다발을 만들 때는 카라의 길이를 달리하고, 똑바로 세우기보다는 약간 바깥쪽으로 퍼져나가게끔 잡아주면 멋스러운 분위기를 낼 수 있다.

● 장미 rose

꽃의 여왕이라고 불릴 정도로 매혹적인 아름다움을 지닌 장미는 싱싱함 또한 비교적 오랫동안 간직하는 꽃 중 하나다. 요즘은 2백여 종이나 되는 다양한 품종의 장미들이 나와 이름을 외우기가 쉽지 않다. 그 중 가장 많이 쓰이는 것들로는 비비안, 갤럭시, 키위, 벨마, 휘니체 등이 있으니 알아두자. 플라워 디자인에 쓰이는 장미는 대개 나무지만 요즘엔 덩굴장미나 화분에 심어 키우는 미니 장미 등도 나온다.

● 조팝 meadow sheet

꽃이 진 후 열매가 달린 모양이 마치 좁쌀을 붙인 것처럼 보인다고 해서 '조팝'이란 이름이 붙었다. 기다랗게 늘어지는 가지를 따라 꽃과 잎이 붙어 있는 것이 일반적이었는데 최근엔 꽃이 몽글몽글 덩어리져 피는 새로운 품종도 선보이고 있다. 자연스럽게 휘어지기 때문에 다른 꽃들과 섞어 꽂을 때 많이 쓴다.

● 수국 hydrangea

꽃이라기보다는 잎사귀 느낌이 강한 수국은 꽃잎이 풍성해 한 줄기만으로도 화사한 분위기를 연출할 수 있다. 토양의 산도(酸度)에 따라 꽃 색깔이 변하는데, 토양이 중성이면 흰색, 산성이면 청색으로, 알칼리성이면 분홍색으로 변한다. 꽃꽂이로 이용하기보다는 화분으로 많이 기르며 잘 관리하면 보통 2~3개월 동안 꽃의 아름다움을 즐길 수 있다.

● 히아신스 hyacinth

색이 다양하며 달콤하면서도 그윽한 향기가 특히 매력적이다. 꽃에 볼륨이 있어 모아 심기에도 적당하고 화단, 정원뿐만 아니라 화분용이나 수경재배용으로도 많이 이용된다. 꽃꽂이를 위해서는 금방 자른 히아신스를 줄기가 푹 잠기도록 물에 몇 시간 세워두어야 한다. 햇빛이 많이 드는 곳보다는 반그늘에서 더 잘 자란다.

● 나리 lily

특유의 모양과 향기, 다양한 컬러가 있어 꽃꽂이용으로 많이 쓰이는 꽃. 흔히 하얗고 깨끗하게 생긴 나팔백합을 떠올리는데 품종은 무려 1천여 종이나 될 만큼 많으며 품종에 따라 가꾸는 방법에도 차이가 있다. 꽃의 가운데에 있는 노랗고 뾰족하게 생긴 수술을 떼어내면 꽃가루가 날리지 않을 뿐 아니라 싱싱함을 더 오랫동안 유지할 수 있다.

● 무스카리 grape hyacinth

올망졸망 작은 종모양의 보라색 꽃이 피는 알뿌리 식물이다. 색이 선명하여 튤립 등 키가 높은 식물과 장식하거나 모아 심어 조화를 이루면 신비한 분위기가 연출된다. 3~5월, 초봄에 피며 약간 그늘진 곳에서도 잘 자란다.

● 카네이션 carnation

봄을 대표하는 계절 꽃으로 무지개빛 깃털 같은 꽃송이를 자랑한다. 빨간색과 분홍색이 가장 일반적이지만 다양한 품종의 혼합색도 많이 나와 있어 선택의 폭이 아주 넓다. 스카비오사, 리시안셔스 등의 꽃들과 함께 어우러지면 독특한 아름다움이 느껴진다. 줄기가 물을 잘 흡수하지 못하기 때문에 기본 손질 시 반드시 마디를 피해 잘 라주어야 한다.

● 튤립 tulip

꽃 모양이 터키인들이 머리에 쓰는 터번(터키어로 튤프판)을 닮았다는 데서 이름이 유래되었다. 줄기가 길게 자라 꽃이 피는 튤립은 여러 개 모아두어도 예쁘지만, 하나씩 따로 두면 고고한 느낌이 난다. 또한 키가 크기 때문에 팬지 같은 작은 화초와 함께 심으며 더 예쁘다. 봄과 초여름에 제철이지만 겨울에도 구할 수 있다. 꽃이 오래 지속되며 다른 꽃에 비해 저렴한 꽃의 하나이다.

● 알륨 allium

긴 줄기에 달린 둥근 공 모양의 꽃송이가 마치 솜사탕처럼 귀엽다. 핑크와 자줏빛의 아름다운 컬러를 띠는데, 양파 같은 냄새를 풍기는 게 흠이라면 흠이다. 꽃에 높낮이를 줘 리듬감 있게 장식하거나 키가 큰 꽃병에 꽂으면 멋지다.

● 설유화 thubergs spirea

꽃 모양은 조팝과 비슷하지만 조팝보다도 자잘한 꽃들이 가지에 가득 붙어 있고, 잎이 거의 없는 것이 다르다. 조팝에는 거의 없는 달콤한 꽃향기도 설유화만의 특징. 다른 꽃과 함께 꽂아 자연스러운 느낌을 더하기도 하고, 설유화만을 꽂아도 멋스럽다. 꽃이 지면 꽃잎이 우수수 떨어지기 때문에, 청소하기 힘든 곳엔 두지 않는 것이 좋다.

● 안수리움 anthurium

하트 모양의 불염포와 꽃술이 아름다워 꽃꽂이용으로 많이 쓰인다. 빨강, 핑크, 연둣빛이 도는 흰색 또는 두세 가지 색이 혼합된 것도 있다. 하나만 꽂아도 단아한 멋을 풍기며, 다른 꽃과 함께 꽂을 때는 열대 풍의 이국적인 것과 잘 어울린다. 자른 뒤에도 2~3주가량 생명이 유지되지만 쉽게 손상되기 때문에 조심스럽게 다뤄야 한다.

꽃과 식물에 대한 정보를 모아 놓은
인터넷 사이트

http://www.plusgarden.com/
플러스가든 | A~Z 순으로 식물도감에 대한 학명과 정보가 사진과 함께 잘 정리되어 있는 곳이다. 야생화, 난초, 관목류 등 다양한 식물들과 함께 세계 정원에 대한 소개도 다루고 있다.

http://user.chollian.net/~k95092/doc/basic.html
식물나라 | 식물도감을 비롯하여 꽃말, 꽃 전설, 용어해설 등 유용하면서도 아기자기한 정보와 자료로 꽉 차 있다. 식물도감은 이름과 사진, 계절별 꽃에 대한 검색을 통해 쉽게 찾을 수 있도록 구성되어 있다.

http://bric.postech.ac.kr/species/plant/
한국의 식물 (BRIC) | 생물학 정보센터의 홈으로 전국식물분포지도와 분류체계를 통해 식물성모들 찾을 수 있도록 구성해 놨다. 식물데이터베이스로 200~300여종의 식물에 대한 상세한 정보와 사진이 수록되어 있다.

http://www.treeinfo.net/
트리인포넷 | 상당히 방대한 식물 정보가 등록되어 있는 곳으로, 통합검색 창을 이용해 해당식물의 사진과 정보를 한눈에 알 수 있다. 또 약용식물에 대한 상세 정보, 식물 이야기, 지역별 꽃 축제 소개 등 유용한 정보들로 가득하다.

해외 Flower Book

유행하는 플라워 디자인을 보려면 플라워 책을 자주 접하는 것이 도움이 된다. 모던하고 트렌디한 꽃 작품들이 화보로 소개되어 있어 플라워 디자인을 공부하는 데 많은 영감을 준다. 여기에 소개하는 해외 Flower Book들은 현직 플로리스트들이 가까이에 두고 틈틈이 참고하며 활용하고 있는 것들이다.

● Wild at Heart

샤넬이나 베르사체 등 유명 패션 브랜드를 클라이언트로 두고 있는 영국의 플로리스트 니키 티블스(Nikki Tibbles)의 화보집. 쉽게 응용해 볼만한 플라워 어레인지먼트부터 보기만 해도 즐거운 화려한 꽃 이미지까지 다양한 화보가 실려 있다. 이미 국내에서도 많은 인테리어 디자이너들이나 플로리스트들이 참고하고 있는 책이다.
Coran Octopus

● Jane Packer

세계적인 플라워 브랜드로 이름 높은 제인패커의 화보집. 모던하고 실용적인 플라워 어레인지먼트와 공간을 위한 다양한 아이디어를 보여 준다. 또한 꽃의 구성과 색채, 꽃을 손질하는 요령, 관련 액세서리 등 꽃에 대한 다각적인 정보를 그녀의 컬렉션을 통해 확인할 수 있다.

Coran Octopus

● projects for small gardens

실내 조경을 위한 컨테이너 가든과 작은 화단을 꾸미기 위한 계획과 시공에 대해 설명을 담고 있는 책이다. 알기 쉽고 재미있게 표현된 일러스트가 특징. 설계도 또한 그림으로 재미있게 표현되어 있으며, 식물의 배치까지 섬세하게 제안하고 있다.

Ryland Peters&Small Ltd

● to have & to hold - magical wedding bouquets

꽃을 이용한 다양한 분위기의 웨딩 부케에서 전해지는 감동을 만날 수 있는 책이다. 일반적으로 알려진 웨딩 컬러의 고정관념을 버리고 어떠한 컬러로도 성스럽고 아름다운 웨딩 부케를 완성할 수 있음을 알려준다.

ARTISAN

● Flower Inspiration

벨기에서 출판되는 계간지로 1년에 4번 발행된다. 전통적인 유러피언 플로랄 디자인의 흐름을 볼 수 있는 잡지. 국내에서는 브롬쉬켄(bloemschikken)이란 이름으로 더 잘 알려져 있다.

세계에서 가장 권위 있는 꽃 전문 잡지 중 하나로 세계의 유명한 플라워디자이너들이 활동하고 있는 벨기에, 네덜란드, 독일 등지의 우수한 작품들을 만날 수 있다.

EPN International publishers

● Wedding Flowers

영국의 세계적인 플로리스트 폴라 프라이크의 웨딩 작품집. 폴라 프라이크의 웨딩작품집은 실용적이고 작품성이 있는 작품들로 알차게 구성되어 있으며, 신부화를 전문적으로 다루고 있다. 웨딩에 대한 아이디어 북으로 많이 애용되고 있는 책이다.

Rizzoli international Publications

● Table Flowers

밋밋한 식탁을 영화같이 분위기 있고 로맨틱하며 우아하게 탈바꿈하는 법을 알려주는 테이블 꽃꽂이를 위한 서적이다. 화이트, 그린, 레드, 블루, 오렌지로 컬러 테마를 잡아 그에 해당하는 꽃과 함께 꽃꽂이에 필요한 재료와 장식법 등을 설명하고 있다. 각 디자인마다 일러스트로 그려진 그림으로 설명하고 있어 초보자들도 쉽게 따라할 수 있도록 구성된 것이 특징이다.
Ryland Peters&Small

● In Bloom

꽃이 패션 디자인의 컬러나 질감, 패턴에 어떻게 영향을 미치는지 보여주는 트랜드 정보지. 세계적인 명성과 인기를 누리고 있는 꽃 전문 서적으로 텍스타일 전문가들은 물론 플로리스트와 일반 트랜드 리더들에게도 필독서가 되고 있으며 꽃에 대한 감성적인 이미지들을 얻을 수 있다.
Coran Octopus

● Invitations

세계적인 플라워 디자인계의 거장 Daniel Ost의 작품집. 이벤트 장식, 테이블 장식, 무대 장식 등에서 섬세한 작업으로 완성된 거장의 손길을 느낄 수 있다. 화려하고 신비로우면서도 압도적인 스케일이 보는 이로 하여금 감탄을 불러일으키게 한다. 특히 남성적이고

건축적이며 웅장한 스케일의 꽃 작품을 감상하기에 그만이다. 세계적인 거장의 디자인북으로 소장가치가 높다.
Lanoo

● 花時間 (Hanajikan)

13년 전통을 지닌 일본의 꽃 전문 잡지. 매달 발간되는 월간지로 꽃 관련 서적으로서 최고의 발행부수를 자랑하며 세계 여러 나라에 수출되고 있다. 신부부케를 비롯하여 행사장의 꽃 장식, 꽃바구니 등에 대한 실용적인 상품 소개와 함께 유럽디자인 및 웨스턴 디자인을 선보이고 있어 국내에서도 많은 디자이너들이 구독을 하고 있다. 아이디어가 돋보이는 상품디자인에 대해 만드는 과정을 소개하고 있어 더욱 유용하다.
角川書店

● BEST FLOWER ARRANGEMENT

일본에 출판되는 계간지로 고급스러운 분위기의 아름다운 플라워 디자인을 선보이고 있다. 특히 시즌에 맞는 컨셉트로 화려하게 디자인된 꽃을 만날 수 있어 유용하게 활용할 수 있다. 실생활에 실용적으로 쓰일 수 있는 디자인과 꽃과 식물을 이용한 리빙 인테리어를 강조한 다양한 디자인의 플라워 어레인지먼트를 만날 수 있다.

フオーツーズソズブレス

자료제공 | 플라워 디자인 인터넷 전문서점 멜리아 www.mellia.co.kr

[부록] 화훼장식기능사 시험 안내

검정기준
화훼 재료에 대한 종합적이고도 과학적인 지식을 가지고 화훼의 품질관리, 장식품의 계획, 디자인, 제작, 유지 및 관리 등 기술업무의 수행 능력을 갖추어야 함

응시자격
제한 없음

시험과목
- 필기시험 : 총 60문항 객관식 4지 택일형
1. 화훼장식 재료(20문항)
2. 화훼장식 제작 및 유지관리(20문항)
3. 화훼장식론 (20문항)
- 실기시험 : 화훼장식디자인 실무

합격기준
- 필기 : 100점을 만점으로 하여 전 과목 평균 60점 이상
- 실기 : 100점 만점 60점 이상

화훼장식기능사 출제기준
- 검정방법 : 필 기 (객관식(60문항)/1시간)
● 화훼장식재료 (20문항)
1. 화훼의 정의 및 이용형태
    1) 화훼의 정의
    2) 화훼의 이용형태
2. 화훼장식 식물재료의 분류
    1) 식물명 (1.학명 2.보통명)

    2) 식물재료의 분류 (1. 1~2년초 2. 숙근류 3. 구근류 4. 화목류 5. 다육식물 6. 관엽식물 7. 난 8. 기타)
    3) 용도별 분류 (1. 절화용 2. 절지용 3. 절엽용 4. 분식물용 5. 정원용 6. 건조소재용)
3. 화훼식물의 형태와 용도
    1) 형태 (1. 꽃 2. 잎 3. 줄기 4. 열매)
    2) 용도 (1. 생활공간 2. 축하용 3. 애도용 4. 디스플레이용 5. 작품전시회용 6. 특수용도 7. 기타)
4. 식물 외 재료
    1) 재료 (1. 용기 2. 구조물 3. 장식물 등)
    2) 도구 (1. 칼 2. 가위 등)

● 화훼장식 제작 및 유지관리 (20문항)
1. 화훼장식식물재료의 관리
    1) 절화의 관리 (1. 절화생리 2. 절화보존제 3. 환경조절 4. 에틸렌발생 (작용)억제 5. 기타방법)
    2) 분식물의 관리 (1. 배양토의 종류와 특성 2. 관수 3. 환경조절)
2. 화훼장식의 종류와 특성
    1) 화훼장식의 종류 (1. 꽃꽂이(꽃바구니) 2. 꽃다발(신부부케) 3. 리스 4. 갈린드 5. 분식물 장식(공간장식)
    2) 화훼장식의 특성
3. 화훼장식물의 조형
    1) 줄기배열 (1. 방사선 2. 병행선 3. 교차선 4. 감는 선)
    2) 구성형식 (1. 장식적 2. 식생적 3. 구조적 4. 형-선적구성)
    3) 표현양식((1. 한국식 2. 일본식 3. 미국식 4. 유럽식)
4. 화훼장식표현기법
    1) 표현기법 (1. 밴딩 2. 바인딩 3. 번들링 4. 레이어링 5. 데레싱 6. 그루핑 7. 클러스터링 8. 조닝 9. 프레이밍 10. 섀도잉 11. 시퀀싱)
    2) 철사다루기 (1. 피어싱 2. 훅킹 3. 인서션 4. 크로싱 5. 헤어핀)

● 화훼장식론 (20문항)
1. 화훼장식의 정의와 기능
   1) 정의 (1. 정의 2. 목적)
   2) 기능 (1. 장식적 2. 심리적 3. 환경적 4. 교육적 5. 치료적)
2. 화훼장식의 역사
   1) 동양 (1. 한국 2. 일본 3. 중국)
   2) 서양 (1. 고대 2. 유럽시대 3. 근대 4. 현대)
3. 화훼장식디자인
   1) 디자인 요소 (1. 선 2. 형태 3. 깊이 4. 색 5. 질감 6. 향기)
   2) 디자인의 원리 (1. 조화 2. 통일 3. 균형 4. 규모 5. 비 6. 강조 7. 리듬 8. 단순)
4. 화훼가공
   1) 건조가공
   2) 건조장식물 (1. 압화 2. 염색 등)

· 검정방법 : 실 기 (작업형/2시간)
● 화훼장식디자인 실무
  1. 화훼장식작업 (1. 꽃꽂이 2. 꽃다발 3. 꽃바구니 4. 테이블 장식
  5. 신부장식 6. 식물심기 7. 기타 화훼장식 작업)

시행처 | 산업인력관리공단 ☎ 02-3274-9630~4 www.HRDKorea.o.kr

글 | 윤영선
감 수 | 왕경희, 오소형
사 진 | 이재희, 구자익

발행인 | 장상원
편집인 | 이명원
초판 발행 | 2008년 5월 10일
6쇄(최신 개정판) | 2017년 4월 3일
발행처 | (주)비앤씨월드
　　　　　 출판등록 1994. 1. 21. 제16-818호
　　　　　 주소 서울특별시 강남구 선릉로 132길 3-6 서원빌딩 3층
　　　　　 전화 (02)547-5233　팩스 (02)549-5235
디자인 | 유지연
ISBN | 978-89-88274-48-4 23590

참고문헌 | 고정순 외. 2004. Flower Design. 도서출판 인아
　　　　　　 Floral Design manual. 2005. 한국 스미더스 오아시스(주)기획
자료제공 | DnB 플로리스트 유학 (02)3474-5350, 5360 www.dnbc.co.kr
　　　　　　 한국유학개발원 (02)552-1010 www.hed.co.kr

text ⓒ 윤영선, 2008 Printed in Korea
이 책은 신 저작권법에 의해 한국에서 보호받는 저작물이므로 저자와 (주)비앤씨월드의 동의 없이 무단전재와 무단복제를 할 수 없습니다.

http://www.bncworld.co.kr